子どもたちに
幸せな未来を！

小学生版シリーズ 3

うちの子の幸せ論

個性と可能性の見つけ方、伸ばし方

ほんの木【編】

ほんの木

はじめに

全国一斉学力テストの約40年ぶりの実施、学校選択制……日本の教育のあり方が、教育基本法改定を皮切りに急激に変わろうとしています。

本来、地域の子どもたちが安心して学び、ともに成長する場であるはずの学校が、競争原理の導入により、子どもたちを学力という一つのモノサシだけで評価し序列化させる場へと変わり、ともすれば、隣の子と競い合わされ、できなければ置いて行かれる…そんな状況が日本の中に生まれつつあります。

また、それに拍車をかけるように、'05年からは教育・受験雑誌の創刊が相次ぎ、'07年度には中学受験者数が首都圏1都3県で5万人を超え過去最高を記録するなど、中学受験ブームは過熱の一途《いっと》を辿《たど》っています。

この背景には、少子化により親が子どもにかけられる教育費が増えたことや、ゆとり教育の危機感による公立校への不信感、また、いわゆる新自由主義化の中で格差社会が現実のものとなり、〃わが子を負け組にはさせたくない〃との親の思いなど、さまざまな社会的要素が考えられますが、その結果、決してエリート志向ではなかった親までもが「学校の勉強をしているだけではダメなのかもしれない」という不安と焦りを感じざるを得ないという、これまでとは質の違う「教育熱」が子どもたちを覆《おお》い始めているようです。

「ほんの木」では、'02年より幼児教育の年6冊のシリーズ「子どもたちの幸せな未来」を、'06年から小学生を持つ親対象の年4冊のシリーズ「子どもたちに幸せな未来を」を発行してきましたが、この間、読者の方々から、「小学生に夜遅くまで塾通いをさせて受験をさせることに抵抗を感じる」、また、「良い教育を受けさせてあげたいが経済的に私立には行かせられない」など、子どもの進学に関するさまざまな悩み、戸惑いのお便りを頂きました。

悩みの表れ方は人それぞれですが、多くの声に共通しているのは、受験、学力、競争一辺倒に世間や周りの親たちが傾く中、「何か違うのでは？」という違和感、その先の答えが見えない中での焦り、また、それをなかなか身近な人と共有できずに苦しんでいる、という親御さんたちの、言葉にならない今日の教育への不安感のようなものでした。

学校の勉強だけではダメなのでしょうか？　受験しなければ手遅れになるのでしょうか？　その先に待つ将来とは？

私たちは本書で、子どもにとって本当に幸せな将来とは何なのか？　またそのためにどのような教育が望ましいのか？　という問いを起点に、その子が持つ個性や可能性を引き出し伸ばすために、親として何ができるのか？これからの時代に必要な力とは？　などについて、長年、学校や教育に携わってこられた、私どもが信頼を寄せる、尾木直樹さん、奥地圭子さん、汐見稔幸さん、秦理絵子さん、古荘純一さん、リヒテルズ直子さんの6名の方々にお話しを伺いました。お忙しい中、ご協力頂いた6名の皆様に、改めて心より感謝を申し上げたいと思います。

それぞれ異なる立場で活躍される方々ですが、取材をさせて頂く中で、共通するテーマやキーワードが複数の方から語られ、全員の方の取材を終えた後、人間にとって幸せな社会のあり方についての一つの像が自ずと浮かび上がってくるように思えました。それは、どちらかといえば今の競争や受験ビジネスとは対極に位置するもので、その中でわが子を育てることは、ある種の勇気と覚悟を伴うものかもしれません。それでも、子どもの幸せを考えたとき、そしてわが子だけでなく、日本、ひいては世界中の子どもたちに思いを馳《は》せたとき、「こういう社会、教育もあるのだ」という議論の題材があってもよいのではないかと思い、あえて提案させて頂きました。

そして実は、この問題に正面から向き合うことは、子どもにとってだけでなく親にとっても、子育てという天から恵まれた仕事の醍醐《だいごみ》味を、十分に生かしきることなのではないかという思いもします。

本書で繰り返し語られるように、子どもの進路を考えることは、親の価値観を問い直すことでもあります。世間の目や、目先のことにとらわれることなく、親子ともに心から納得し、確信を持てる進路選びに、本書がお役に立てれば、そして、そんな親御さん同士のつながりが少しでも広まり、よりよい市民社会への希望を持ちながら、学び、生きる喜びにいきいきと目を輝かせる子どもが一人でも増えることを心より願っています。

ありがとうございました。

２００７年5月　ほんの木編集部

目次

●汐見稔幸（白梅学園大学教授・副学長）

子どもの失敗を見守り　自立の力をつけてゆこう

（6名の方の掲載順は、アイウエオ順です）

ブックデザイン・渡辺美知子
カバーイラスト・はせくらみゆき

教育は誰のもの？
希望だけはある日本に

教育評論家
尾木直樹

尾木直樹《おぎ なおき》

1947年生まれ。早稲田大学卒業後、私立海城高校、東京都公立中学校教師を経て、現在、法政大学キャリアデザイン学部教授、早稲田大学大学院教育学研究科客員教授。教育評論家、臨床教育研究所「虹」所長、日本精神保健社会学会理事。

現在は全国への講演、テレビやラジオのコメンテーター、対談、新聞・雑誌等への執筆、教育相談、カウンセリング等、幅広く活躍している。

主宰する臨床教育研究所「虹」では、所長として子どもと教育、メディア問題等に関する現場に密着した調査・研究活動にも精力的に取り組む。

著書に『「学力低下」をどうみるか』（NHKブックス）、『新・学歴社会がはじまる』（青灯社）、『思春期の危機をどう見るか』（岩波新書）、『ウェブ汚染社会』（講談社＋α新書）ほか多数。

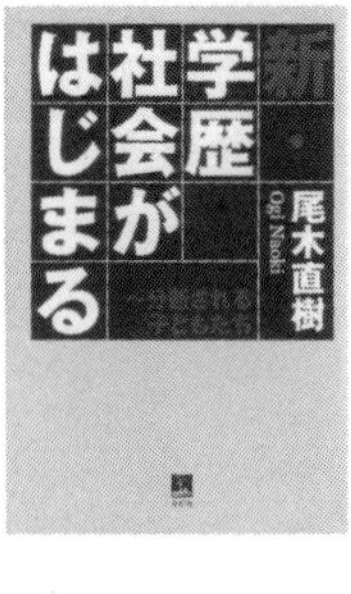

「新・学歴社会がはじまる」 青灯社 1800円＋税

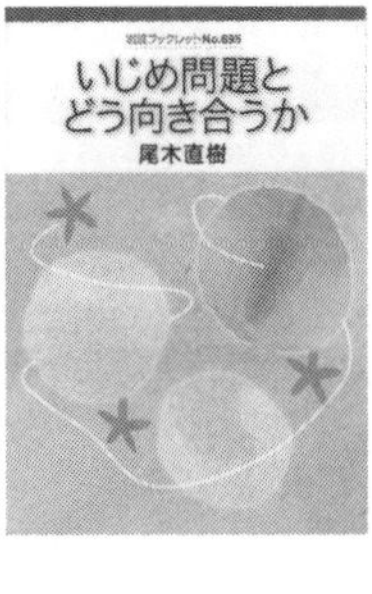

「いじめ問題とどう向き合うか」 岩波ブックレット 480円＋税

子どものためには、幼少期にたっぷり愛情を注ぐこと

人間への信頼感が深く豊かな子を育てる

子どもにとっての幸せな将来とは、一体何でしょうか。それは決して、今盛んにいわれるような「勝ち組」になることや、名声ある職や肩書きを得ることではありません。生涯にわたって自己実現しながら確かに生きていけることです。そのための力とは何か？　親はどのような支援、準備をしておけばいいのか？　それが今、一番大切な課題でしょう。

どんな環境にあっても、生涯を自己実現しながら生きていくために必要な力とは、どのような力でしょうか。

人間とは自ら生きる社会を形成しながら生きる、社会的な動物です。その

大小を問わず、何らかのコミュニティの中で生きていくのが基本です。ですから、そこで求められるのは、人とともに生きることができる力、つまり、協働・共生していく力量です。その具体的なスキルや思想や視点、知恵、知識を理論的・実践的に獲得することです。

自分の力だけではなく、他者と協働しながら目の前に横たわる問題を解決していくこと。何か問題が起きたときに、友だち同士でどのようにして解決していけばいいのだろうかと考えなければならない、極めて個人的で、内輪的な問題から、逆に広い地域コミュニティの問題、社会の問題、地球環境の問題に至るまで、子どもたちがいかに周囲の人々とともに解決の見通しを立てていくのかということです。その中で、人間への信頼感をどれだけ強く持って育っていけるかが、最も重要な課題だと思います。

「自己実現」といっても、自分だけよければいい、という自己満足的なものではありません。他者への信頼、つまり、人間は素晴らしい生き物だと思えること、「生きてきてよかった、人間というのは大した生き物だ」と実感して生涯を終えられるような、深く豊かな力を子どもたちにはつけさせてあげたいですね。

小さいときにたっぷり愛情を注ぐこと

親の役割として決定的に重要なのは幼少期です。

私はこれまでに小学校4年生から大学院まで教えた経験を持っています。こうして長いスパンで子どもたちの人生や成長、発達と向き合ってきて、確信を持ったことがあります。それは、大学1年生で入ってきたときに素晴らしく成績がよく、高校では生徒会長をやっていた、指定校の推薦をもらってきた、などというすごい経歴の学生は、2年生でまず100%近くつぶれるということです。

こういう学生は、先生たちの表情を見て、すぐに自分が要求されていることが何か分かる。つまり、いい子を演ずることができるのです。ところが、それらが実感となってその学生の中に根付いていない。はじめのうちは学部の行事などでもリーダー的な存在になって、教授たちにも頼りにされるのですが、秋には学校に出てこられなくなります。精神的にはのたうちまわって、1年くらいかけて復活したりしますが、こういう姿はおそらくその学生の小中学校時代の先生や、推薦を出した高校の先生たちはご存知ないでしょう。

勉強ができる子の中にも、勉強することの面白さをきちんとつかみながら勉強に向かってきた子と、脳※トレーニングなどで訓練されて知能が非常に発達している子と二つのタイプがいます。私は小学生から大学院生まで、縦《たて》に通してずっと教えてきていますから、一目で分かります。

また、小さいときに愛情をたっぷり注がれて、他者への優しさを持っているかどうかがとても重要です。たとえば、人が本当に自立するために必要な愛情の量が決まっているとすれば、幼少期にいっぱいに近い、十分な愛情を注がれている子は、もう新規に愛情を注がなくても大丈夫なのです。

それが形式的なしつけだけを受けて、外では「ハイ、ハイ」とできていてもどこか余裕がない、不自然な感じがする子は後になって荒れます。中学校でいじめをしたり、グループでつるんで非行に走ったり、先生に変な反抗の仕方をしたりするのです。

そのときに大人が一生懸命にかかわり、何回も裏切られても、決して見捨てないで関っていく中で、彼の心の中に愛情が機能し、回復していくのです。先生に追いかけられたり別室で指導されたりしながら愛情を注がれていく、

脳トレーニング
簡単な計算の繰り返しや、漢字の書き取り、音読などで「脳を活性化する」ために行われるもの。ゲームソフトやドリルのような書籍がブームとなった。

そして3月の卒業式で「先生、迷惑をかけた」と泣きながら巣立っていくのです。「よく気がついてくれたな」と。そのくらい手がかかるものなのです。

よく「子育てに手遅れはない」とベテランの方が言います。本当にその通りです。不幸にしてたとえ幼少期に愛情を充分受け取れなかったとしても、中学校や高校で愛情を取り戻す作業に成功すれば、子どもは確実に成長し、変わっていきます。思春期になって荒れるのは、みんな愛情の取り戻しの作業なのです。「モラルが育っていない」などと一面的に決めつけるのではなく、その土台を作ってあげることが重要なのであって、単純に出席停止処分※などにしてそれが育つと思うのは幻想でしかありません。

個性を見つけるため、伸ばすためにできること

子どもが自己実現しながら生きていけるために、親としてできることは、古い表現かもしれませんが、一人で生活できる自立の力をつけることだと思います。朝ご飯をしっかり食べる、寝る前には歯を磨いて、次の日の時間割合わせをする、翌朝の着替えや持ち物もセットして、大丈夫かなと点検、確

出席停止処分
いじめた側の子に対し、授業への出席を停止する処分。安倍総理大臣下の教育再生会議で、いじめ問題への緊急提言として盛り込まれる予定だったが、「教育には愛情が必要」という慎重意見などが出て見送りとなった。

認をする。お父さん、お母さんにお休みなさいをして眠る。目覚ましをかけて、お母さんの声とともに目覚ましの力を借りて起きるなど、身辺自立をきちんとやることです。

自立といっても、親から突き放したような、分断された自立ではありません。お母さんの優しさあふれるサポートやお父さんの温かい目差《まなざ》しを感じながらの自立です。

もう一つ大事なことは、家族が協働した生活時間と空間を確保すること。20年くらい前には、家事の分担など、家族みんなで手分けして実践しましょうなどと言われていました。つまり、家庭内労働については極めて合理主義的な理解と実践が行われていました。ところが、今はその頃と違い、地域や学校というコミュニティが希薄になってきているので、せめて家族の関係は、徹底的に濃密にしたほうがいいと思っています。

食事の後片付けや洗たくも、お母さんとお姉ちゃんが洗っているのをお父さんや妹さんが運んだり、みんなでやる。一緒にやって「おお、片付いたな」とか「ここ、お皿の裏にまだついてるよ」とか、日常的なことを一緒にやることがとても大事だと思います。

子どもにとって一番大事なのは「希望」を持てること

夢の描けない子どもたち

公立の小中学校で、文具代や給食費、修学旅行費などの就学援助※金を受ける子の割合が２００６年までの過去４年間で４割も増えたことが報道されました。特に東京、大阪では就学援助金を受けている子は４人に１人にも達しています。

ある小学校では、卒業記念文集の「将来の夢」を書けない子が三分の一もいたといいます。ノートや鉛筆がないから書けないだけではないのです。自分が大人になったらどんな人になりたいか、あるいは、どんな職業につきたいかの具体的なイメージが持てないのです。

就学援助
経済的な理由により就学が困難な児童の保護者に対し、国及び地方自治体などが学用品費・学校給食費・修学旅行費など学校で必要な経費の一部を支給する制度。

つまり、この子たちに学力や書く力がないわけではないのです。お父さんがいなくて母子家庭で、お母さんは3つも仕事を掛け持ちしているとか、お父さんがリストラされて現在職探しをしている最中であるとか、そういう親の生活と心の不安感がまともに子どもたちに伝わり、将来の夢どころではないのです。

中学校でも、家で何かあると子どもが学校で暴力などをふるって荒れるから教師にはすぐにわかるといいます。お父さん、お母さんが仕事がなくて不安だとか、お米があと2日分しかないとか、そんな会話を耳にしていたら「僕の夢」なんてのんびりと書けないでしょう。そういう根の深い問題だということです。

今、希望が持てない人に、未来の希望を持つことはできません。子どもにとって一番大事なのは、希望が持てることです。

たとえ鉛筆がなくても、物質的に満たされていなくても、何もなくても希望だけはあるぞ、というふうに日本もしなければいけない。開発途上国の子どもたちでも目がキラキラしている子がいっぱいいます。日本の子どもたちはどうですか。

同じスタートラインに立たせるのが教育

教育は、すべての子どもが当然受ける権利があるものです。A君やB子さんを勉強させて学力をつける、というような個別的な問題ではなくて、その子たちが大きくなって仕事をしたり社会的に役割を果たす。そのときに社会に還元されるものはものすごく大きいのです。

そう考えれば、すべての子どもたちに最大の教育援助をして伸ばしていくということは、結局、地域、社会、国家にとって、損得でいえば得になることなのです。

最近の政府関係の教育関係者で、成績の悪い子にお金をかける必要はない、数パーセントのエリートを育てればいいんだ、などという人もいますが、それは違います。

行政や教育は、本来、その経済、文化、情報の格差を埋《う》めることこそが仕事です。情報がないのは自己責任、などとするのではなく、情報が届いていないところにはちゃんと届けるくらいのことをすべきです。

カナダでは、親が「仕事があって、日曜の夜じゃなければ俺は帰ってこない」と言うと、日曜日の夜にバスを仕立てて市の職員が実際にその家に出かけて親に会いにいきます。文化格差があるようなところにも市が出向いて支援する、絵本を持っていく。

離乳食の講習会に来れない人がいたら、一番困難を抱えているのはその人なのですから、そこに出かけていくそうです。日本もそのような支援の仕方をすべきなのです。

このままで大丈夫？日本の公教育

教育はすべての子どもの権利

基本的に、中学校の教育を受けることに関して、公立を選ぶか私立を選ぶかなどと親に悩ませること自体が失礼な話です。エリートをめざすとか、ピアニストにさせたいとか、特殊な方向を望むなら、そのための特別な教育を受けさせるのにお金もかかるでしょうが、子どもが普通に生活をして豊かに人生を生きて欲しいと願うときに、どうして私立に年間百何十万円も出して行かせなければならないのか、これがそもそも大問題です。

ご承知のとおり、フランスなどは大学の学費が1万円か2万円ぐらいですが、教育というのは国家的な事業ですから、この程度の負担で済むのは当然のことです。教育が自己責任、過剰な個人負担になっている今の日本のあり方は、国家として体をなしていません。

いまだに誤解している人が多いのですが、「義務教育」は子どもが学習する義務を負うのではなく、親が子どもに教育を受けさせる「義務」を負うのであり、子どもは学習する「権利」を持つ「主体」です。

子どもにとって教育を受けるということは、成長し、一人前の人格を形成するための「権利」です。したがって、義務教育はすべての子どもに機会均等でなければなりません。

義務教育を保障し、実現させ、サポートしていくのは国の役割です。それを今の日本では、親の責任で、生活を犠牲にしてまでコツコツ貯金をしてローンを組んで…なんでそんなバカなことをしなければならないのか。子どもの教育のために親が借金をするなど、あってはならない話です。おとなしく耐えていないで、日本人はもっときちんと怒らなければいけない問題です。税金を納めないぞとか。

教育は「福祉」として、つまり、生きるための知識と技能を獲得するライフラインとして、きちんと保障されるべきものです。ところが、最近の競争を前提とする新自由主義的な発想で、規制緩和をして教育にも競争原理を持ち込んで、学校を「商品」化してしまうことを政府は認めました。つまり、株式会社による学校設立を認めたのです。企業論理では競争でいいかもしれませんが、株式会社は利益を追求するものであって、教育の理念とはどう考えても合いません。越えてはいけない一線を越えてしまった、国家としてのモラルが崩壊してしまったという感じがします。

教育は誰のもの？

２００６年12月に、教育基本法※が改定されましたが、同年7〜8月に、東京大学の基礎学力研究開発センターが全国1万の小中学校長に実施したアンケート調査結果（回収３８１２校）によると、教育基本法改定に「賛成しない」校長が66％を占めていました。校長は、基本的に文部科学省の方針を支持する立場にいる人が就《つ》きますが、そこで7割近くが反対ということは、すごいことです。現場の教師に至っては、80〜90％が反対しています。

そもそも教育は誰のものかといったら、子ども本人と親御さんのものです。

教育基本法改定
1947年に施行された、日本の教育の基本を定める法律が2006年12月22日に全面的に改定された。新しい条文には、いわゆる愛国心教育が盛り込まれるなど、教育の自由が失われ、国家のための教育基本法となりつつあることに危機感を抱く人も多い。

それが今は、国が焦《あせ》っているのか、国の思い通りの学力や道徳観を身につけさせたいということで、新しい教育基本法の第2条に「教育の目標」を定めてしまいました。国民の教育権のはずが、国家の教育権になってしまっているのです。

本来、教育の目標を決めるのは、学校や親御さんであって、国が決めることではありません。その目標がどんなに正しくても、政府が決めるというのは筋が違うのです。教育は政府からは独立して存在すべきです。各学校はお母さんやお父さん、子どもたちの声を聞きながら教育目標を決め、政府がそこに人的、経済的支援をしていくのが道筋です。

国が教育の目標を定めてしまうことにはもう一つ問題点があります。国が「目標」として定めたら、それに対して必ず「評価」をすることになります。「評価」をするとなると、それに連動して「評価基準」を決めなければならない。では、たとえば「国を愛する」については、どうやってそれを評価するか。君が代を「大きな声で」歌うこと、と言ってもボリュームを計《はか》るわけにもいきません。

そこで東京都の基準では「自分の学校の校歌より大きな声で」、「大きな口で、縦に指が3本入るほど開きなさい」と。指3本、口に入れられて指導されるのです。そこにあるのは教育ではなく、調教です。

私は本当の愛国心は大切だと思っています。しかし、新しい教育基本法の第2条で定められた5つの「教育の目標」には、すべて「心」ではなく「態度」と書かれています。態度は形式にすぎません。頭のいい子は態度を作るのは得意ですが、それでは心が空洞化した国民が育ってしまうだけです。

メディアでは愛国心ばかりが問題点として取り上げられていますが、それよりも、これらの法律で国が教育に介入し、教育そのものが全体的にめちゃくちゃになっていることのほうが私は恐いと思っています。ここまで政府が教育に介入する状況は戦後初めてのことです。

国際社会から見ても、日本の教育界全体の動きは奇異の目を持って見られています。1週間前も、私の所にイギリスBBC放送が日本の教育について取材に来たり、インドの方が講義をして欲しいと来たり、カナダ、ブラジル、中国など世界各国からの取材がとても多いのです。特に韓国は頻繁《ひんぱん》に来て「日本の教育は大丈夫ですか」と聞いてきます。サウジアラビアからも招待がきて、どうしてだろう？　と思ったら文化交流はもちろんですが、「日本の教育の失敗を繰《く》り返したくない」と。これだけの情報社会ですから、日本の状況は世界に筒抜けですし、悪名高いのが現状です。

学力第一位のフィンランドに逆行する日本の教育

ＰＩＳＡ（ＯＥＣＤ（経済協力開発機構）生徒の学習到達度調査）調査で学力第一位となってから、フィンランドの教育が話題になりましたが、もともとフィンランドは70年代から日本の教育をモデルにしていたのです。早稲田大学の中嶋博教授を客員研究員として呼び、1年間の滞在中に、かつての改定される以前の日本の教育基本法の精神を導入し、競争をなくし、通信簿もほとんど出さない、少人数制の教育へと変えていったのです。全国一斉テストを廃止し、習熟度別授業※もやめました。教科学習よりも総合学習に重きを置いて、教師のための力と余裕をたっぷりと国が保障している。

日本から教育関係者が大勢視察に行く中で、フィンランドの教師が、「子どもたちに『好きな教科は何ですか？』と聞かないでください」、と言うほど総合教育が浸透しています。どれをとっても今、日本が進んでいる方向と

習熟度別授業
生徒の理解や習熟の程度に応じて指導すること。習熟度別学習を実施する中学校は7割にのぼる。習熟に時間がかかる生徒に基礎学力を保障し、学力の高い生徒に発展的な学習機会を与える一方、学力格差を広げ、学習意欲を低下させるなどの批判も強い。

正反対です。ちなみに習熟度別授業はアメリカも「学力が落ちる」というので慌《あわ》ててやめましたし、先進国の中でとり入れているのは日本だけです。

フィンランドは、子どもたちが生涯にわたっていかに自己実現しながら生きるのか、そのための力をいかに育成するか、を教育の目標として、それを実現させるべく特別補習などを行い、すべての子に公平に学力を保障していこうとしています。

日本のように習熟度で分け、「ゆっくり」コースの子どもたちを切り捨てるような差別的教育ではありません。最後の一人まですくい上げ、決して見捨てない。この人間観こそが、一人一人の個性を育み、自立心を育てるのではないでしょうか。

日本の教師はとても優れた力を持っていますから、フィンランドのようにやろうとすればすぐできるはずなのです。もともと、できる子もできない子も全部上手に引き上げるのが日本の先生の神業《かみわざ》で、海外から視察にきた教育関係者に驚嘆《きょうたん》されていたほどですから。

でも今はできる子、できない子、真ん中の子と習熟度で分けて、授業が点数を上げるためのものになってしまっています。つい先日も新聞に、ある予備校が学校の先生向けの「教師力養成講座」を始めて、申し込みがもう20人から来ていると出ていましたが、「得点力アップ」のための指導力でいえば、当然予備校の方が上手なのです。

でも学校が塾の模倣《もほう》を始めても、塾には勝てませんし、そもそも学校の授業力と塾の授業力は似て非なるものです。学校は子どもたちにとって生活の場であり、遊びと交流の場なのですから、学校に塾のような授業力を求めること自体が間違っています。

政府の会議などではすぐに「保護者は教育の消費者で、学校の先生は生産者。消費者ニーズにいかに応えるか」などと言いますが、それは違います。学校は商品ではありませんし、親御さんたちと学校、あるいは地域の方々も含めて、教育の共同生産者だと私は思っています。親は教育の「担い手」であって、「受け手」ではないのです。

私学を受験させるという選択はもちろん自由ですが、地元の公立学校をいい学校にするために住民として力を注ぐ、ということを、将来の日本の子どもたちのためにも、今のお母さん、お父さん方にお願いしたいと思っています。

子どもの進路で悩むお母さん、お父さんへ

私学を盲信しないこと

私は臨床教育研究所「虹」という私設の研究所を主宰していますが、ここに教育相談に来るのは100％、子どもが私学に通う親御さんです。私学なら無条件に教育がいいのかというと必ずしもそうではなく、一部の私学はかなり問題がある状況です。よく名前が出てくるエリート私学だからといって絶対安心、完全というわけではないのが、学校というものです。受験界で有名な学校からも、親御さんが相談に来られることもあります。

私学にも、担任に当たり外れがありますし、外れたときのいじめなどにはひどいものがあります。なぜなら、私学は先生に異動がなく、閉鎖的な空間

で教員の力関係も非常にはっきりしていますから、いじめの相談を校長に訴えてもだめですし、理事長に言ってもだめ。その教師に力がなければなかなか改善のしようがないのです。実は、名だたる国立でもひどい話はたくさんあります。

そういった場合、私は公立校への転校を勧《すす》めています。私学でうまい具合にいい担任とか、いい学年に当たればいいですが、それなら公立も同じでしょう。

私学の場合は、親が文句を言っても「それなら、公立に行ってください」と言うだけ、簡単です。でも公立の場合はもっといろいろと学校に改善の余地があります。

お金をたくさん使ったのに子どもがこんなに歪《ゆが》んでしまって、家族も崩壊して…と子どもを私立に入れた多くの親御さんが悔《く》やんでいる。日本のこの悪しき私学ブームに一度メスを入れなければいけないと思っています。私立高校での大学受験のための履修漏《りしゅうも》れと同様、いじめの件数も、私学の場合はつかめず、今後減ることもないと思っています。

自分の子どもだけでなくすべての子どもの幸せを

「プレジデントファミリー」「日経キッズプラス」など、この2年間で教育雑誌の創刊が相次ぎ、社会現象になっています。ただ、創刊される雑誌はどれも、企画の裏コンセプト（概念、視点）は、「受験にどう勝つか」、つまり受験の技術的情報の提供です。ただそれが前面に出るといやらしいので「夏休みの過ごし方」「竹トンボのつくり方」とか付録を入れたりして目立たなくしているだけです。

お父さんがなぜ子どもの教育にも口を出すようになってきたかというと、自分の会社でリストラがあったり、派遣社員の悲惨さなど、労働状況の悪さを見ているからです。お父さんの愛情として、自分の子どもを上流にはしなくていいけれど、下流にだけはしたくない。

私の講演会の後で、参加していたお父さんと一緒にお酒を飲んだとき、「子どものことで何を悩んでいますか？」と聞くと「うちの子を下流にだけはしたくない」と言うのです。いわゆる日経新聞をとっていたり、プレジデントファミリー※を読むような中流以上のビジネスマンで、人間的にも普通の

プレジデントファミリー
プレジデント社が2005年にビジネス情報誌「プレジデント」の別冊として発行。父親を対象に、子どもの教育を主に扱う。創刊号は22万部以上売れた。「頭のいい子の生活習慣」など受験・学力向上に関する特集が中心。

いい人です。今、まさにその層で熾烈《しれつ》な受験競争が行われているのです。

一方で、そこにすら行けない、こぼれてしまっている人も大量にいます。受験競争に参加している人と、根っから参加していない、できない人とが親の段階で分かれてしまっている、これが日本の教育格差として根付きつつあります。

自分の子どもに幸せになって欲しい、と願う気持ちは当然ですが、自分の子だけでなく、すべての子どもが夢と希望を持てる社会にしようとか、世の中をもう少し何とかしよう、と、少し力のあるお父さんが目を開いてくれることを願うばかりです。

ブランドよりも中身を見極めることが大切

こういった社会の受験・学歴ブームに煽《あお》られている部分もあるでしょうが、少し冷静になって考えれば、今や大学名だけで就職が決まる時代ではありません。決まったとしても終身雇用や年功序列もすでに崩壊し、大企業の倒産や不祥事も日常茶飯事《さはんじ》となった今、安定した人生を手に入れられる「正解」

などどこにもないのです。

親としては公立か私立か、という問題よりも、どちらであれ、その学校の教育理念や中身をよく見て、これからの時代を生き抜く学力や生活力、人格が身に付く学校かどうかを見極めることが何より大切です。

問題は「どこに入るか」よりも、子どもがどのような人間で、どのような力をつけて、どこへ行こうとしているのかです。社会の先行きの見通しも立たず、格差ばかりが広がる不安定なこの時代だからこそ、安易にブランドにすがるのではなく、子どもが社会とどう関り、人々と生き合い、幸せで有意義な人生を送るためにどのような力が必要なのか、その展望にふさわしい学校と教育を選んでいって欲しいと思います。

そのためには、親自身の考え方や学歴、学力に対する認識を振り返って見ることも必要です。子どもの進路を考えることは、親自身の価値観や人生観、社会との向き合い方を問うことにほかなりません。

未来を生きる子どもたちへ安心と信頼の家庭という居場所を

これからの時代に求められる力

OECD※（経済協力開発機構）が1987年からプロジェクトチームを作って、21世紀に世界の子どもたちにつけて欲しい力として定義したのが「人生を拓《ひら》き、社会に参加する力（リテラシー）」でした。自分の人生を切り拓き、市民として社会にどう参加していくのか。私はまさにこれが、これからの子どもたちに必要な「生きる力」だと思います。

少し固い言葉でいえば、日本の一人の市民として、主権者として、しっかりと自立し、国づくりや地域づくりをし、自立した社会人として働いていける青年になってもらうことです。そのためのリテラシー（知識・能力）をど

OECD（経済協力開発機構）
民主主義と市場経済を原則とする30の加盟国によって成り立つ組織。経済成長、開発途上国援助、多角的な自由貿易の拡大を目的とし、高齢化や教育、雇用、規制改革など多方面に関しての比較可能なデータを分析・公表している。

う身につけるのか。その下支えとなるのがコミュニケーションスキルや他者と協働する力であり、最終的には人間への基本的、原則的な信頼、人間賛歌としての人間観が持てること、これが一番大切だと思います。

つまり、どんなに手ひどいいじめを受け、一時的な不登校に陥《おちい》ったとしても、そこをくぐり抜けて、加害者の未熟さ、発達の過程におかれていた問題点、あるいは家庭環境の問題などが見えてくれれば、加害者への憎しみの余りに、人間不信にまで広がることを防ぐことができると思うのです。

もう一つは、どんなに困難なことでも必ず解決できるんだ、という確固たる信頼感があることです。それは宗教的な信仰としての信頼感ではなく、「いじめがあったけれどみんなで解決できた」「先生がしっかり見守ってくれた」「叱られたけど抱きしめてくれた」というような具体的な体験を通して、子どもの心に形成されていくものです。それが人間への信頼感を太くし、問題を解決する勇気や能力へとつながるのです。

思春期の子どもの力は大したものです。「生きる」という本質的な課題に触れることができたときに、今までは予想もつかなかったほどの爆発的な力を出します。例えば英単語を９０００語覚えなければならない、下らないなあ、と思っても、何か大きな目的があれば、「しょうがない、一年間の辛抱だ、やるか！」というように割り切って受験勉強の弊害《へいがい》も飲み込みながらやっていく力を持っています。そのような気持ちで学ぶことと、「覚えなければ東大に受からない」と不安でハラハラ、ドキドキしながらやっていくのとでは、同じ点をとったとしても全然違うのです。ですから、そこを乗り越えられる視点や、「何のために勉強をするのか」「何のためにその大学に入りたいのか」「どのような生涯をすごしたいのか」「どう自己実現するのか」というもっと大きな目標を描けるようになるのです。広い意味での市民教育が必要だと思います。

そのように学ぶことの意味を話し合ったり、家庭の会話や家庭の文化としての目標設定が根付いている状況を作ることが、一番大切なことだと思います。

家庭は受けとめてあげる場所に

あとはやはり、あるがままを愛すること、条件付きではない愛情をどう示せるかです。世代でいえばおじいちゃん、おばあちゃんからの無償の愛情です。親の場合は子育ての責任があるので、どうしても「いい子になってくれないと」とか「伸びてくれなくちゃ」という思いがあるため、何かができないとなかなか子どもを褒《ほ》められないのですが、本当にテストで失敗して子どもが先生に叱《しか》られても「叱られたことをお母さんにちゃんと言うのは偉いじゃない」とか「グラウンド2周も走ったの、偉いね」とか、そういう認め方をされれば、子どもに安心感が生まれます。

つまり、きちんと怒るけど、決して突き放したり、人間としての尊厳を傷つけたりしない。その後、親がしっかり抱きしめてくれるはずだ、ということれまでの体験に基づいた安心と信頼の家庭、居場所をきちんと確保することです。

何もかも他者と競争的に評価される世の中だからこそ、せめて家庭では逆に、丸ごと受けとめてあげることを意識して欲しいと思います。それが結局、生涯にわたってその子の力を引き出し、伸ばすことにつながるのではないでしょうか。

まとめ

●人間は社会を形成して生きる動物。大切なのは、人とともに生きる力、協働力。人と協働しながら問題解決に取り組むことで、人間への信頼感をどれだけ強く持って育てるかが幸せへの鍵。

●家庭は「受けとめる」「認め合う」、安心の場としての役割を。きちんと怒るけど突き放さない、おじいちゃん、おばあちゃんのような愛情を持って。幼少期にたっぷり愛情を注がれると人間の土台ができる。

●教育は生きるための知識と技能を獲得するライフラインであり、福祉である。すべての子どもに機会均等に与え、同じスタートラインに立たせるためのもの。子どもの教育のために親が借金をしなければならないような日本の現状には、親や市民がもっと声を上げていくべき。

「不登校に感謝」子どもが親を変えてゆく

NPO法人東京シューレ理事長
奥地圭子

奥地圭子《おくち けいこ》

1941年生まれ。NPO法人東京シューレ理事長。登校拒否を考える全国ネットワーク代表。

NPO法人フリースクール全国ネットワーク代表理事。

63年より22年間、東京と広島で公立学校教員を勤める。

わが子の登校拒否体験から深く学び、親の会「登校拒否を考える会」の活動を始め、85年にはフリースクール「東京シューレ」を開設する。親の学び合いやフリースクールどうしのつながり合い、不登校新聞社をNPOで立ち上げるなど、不登校支援について全国的な活動も展開している。06年に、フリースクールを公教育の中で位置づけ、教育の選択肢を拡げるべく、学校法人東京シューレ学園を設立し、理事長に就任。学校法人による「東京シューレ葛飾中学校」は07年4月開校。

著書に『東京シューレ　子どもとつくる20年の物語』（東京シューレ出版）、『不登校という生き方ー教育の多様化と子どもの権利』（日本放送出版協会）ほか多数。

「不登校という生き方」
NHKブックス
920円＋税

「東京シューレ 子どもとつくる20年の物語」
東京シューレ出版
1500円＋税

子どもにとっての幸せとは存在そのままを受け止められること

「子どものため」は本当に子どものため?

どの親も、わが子の幸せを願って育児や教育をしているのは同じだと思いますが、私たちが不登校やいじめなど、苦しい経験を経てきた子どもたちと関る立場で感じることは、親や教師が子どもに「これが幸せなんだ」と押し付けるあり方が、本当にその子にとっての幸せとは言えない、という問題です。

今は少し遊びを我慢してでも、いい高校や大学に入ることが「あなたのため、結果的に幸せだから」、と親や先生から言われて苦しむ子どもたちに私たちはずっと出会ってきています。

私たちのフリースクール※、東京シューレには不登校の子どもたちが今、200人くらい通ってきています。子どもたちが不登校になる理由はいじめや、学校のあり方など、いろいろありますが、親や学校など周りからかけられる「期待」の犠牲になって苦しんでいる子どもたちが多いことも確かです。

親から言われて小学校の頃から塾に通い、遊ぶのも我慢して頑張って中学校に入学したけれど、その学校が自分に合わない、とか、中学に入学したのは良かったけれど、それまでにエネルギーを使い果たしてしまって一休みしなければ動けない状態になってしまった、などは親の期待によって不登校になったとも言えるケースだと思います。

また、今の学校は一律一斉制ですから、そのやり方と子どもの個性が合わない場合もあります。子どもはけなげですから、あるところまでは一生懸命やりますが、「いい子」でいるのも限界を超えると疲れてしまう。このように、子どもは学校から期待されるものと自分の個性が合わないときに、不登校になってしまう場合もあります。

また、子どもが不登校になると、親も学校も「将来のあなたのためを思って」と必死になって学校に復帰させようとします。もともとはその子にとっ

フリースクール
自由につくり出した学校外の居場所、学び場で、主として不登校の子どもが通う。マンションの1室など小規模な所から東京シューレのように200人以上が通う所まで多様に存在する。通所日数を学校の出席日数としてカウントすることを文部科学省は認めている。

ても学校は楽しい場所であったかもしれないけれど、いじめられたりシカトされたり、先生を信じられない体験をしてしまったりして、学校に対する気持ちそのものが変わってしまっているときに、学校へ復帰することを無理に求められると、「自分は戻るべきだけど、戻れないからダメな人間なんだ」と二重に苦しい思いをします。

これも社会や学校、親などから、本人の気持ちと離れた期待をかけられることが原因です。

親は、子どもがまだ小さいときは、ただ「この子が健全に幸せになってくれるように」と思っていますが、子どもが小学校に入ると「ほかの子よりも優秀であって欲しい」、中学校に行くと「受験に打ち勝って欲しい」、そして「いい大学に入って欲しい」「名前の知られた会社に就職して欲しい」…と成長するにつれ、いわゆる「勝ち組」といわれるような歩き方をすることを子どもに要求し、だんだん視点が変わってきてしまうのです。

「こうあるべき」「これが幸せなんだ」と親や世間から見た「幸せ」の形を子どもに押し付けてしまう、またその要求に応えることが教育だ、となってしまったら、もうそれはその子自身の幸せではありません。

存在そのままを受け止める

生まれてくる子どもは命そのもの、命のかたまりです。幸せとは、その命が本来持つさまざまな個性やその命らしさが十分に受け止められ、発揮され、愛されながら生きていけることだと思います。幸せは人によって千差万別で、飲まず食わずでも音楽ができれば幸せだと思う子も、人に囲まれているときに幸せだと感じる子もいるでしょうが、何よりもその存在をそのままでいいよ、と受け止めてもらえることが、多くの子どもにとっての幸せでしょう。

もちろん、親は何も期待してはいけないという意味ではなく、小学生くらいの年齢では、子どもは親に喜んでもらいたいという気持ちを持っていますから、何も期待されないのはつまらないし、手応えがない。

「お母さんが喜んでくれるんじゃないか」「お父さんが褒《ほ》めてくれるんじゃないか」と楽しみに思う気持ちはあって当然ですし、大切です。

本当に愛情を持っていれば、子どもが感じていることを一緒に感じ取ったり、素直に喜んだり悲しんだりして、自然にその子の成長を喜ぶ気持ちがあるはずです。親の「期待」がどこから見た、誰からの期待なのかという、期待の「質」が大切だと思います。

そのとき、母はこうあるべき、父はこうあるべき、という役割の違いは、私はないと思っています。むしろそうやって役割分担をしてしまうほうが弊《へい》害《がい》があるのではないでしょうか。いじめの問題でも、お母さんが学校に話しをしにいっても学校側はまともに取り合わないのに、お父さんが行くと、同じことを言っているのに聞く、というようなことがありますが、保護者なのだからどちらが言ったって同じように対応すべきです。

お父さんとお母さんの役割意識はあまり重要なことではなく、それよりも子どもにとって最大の環境である親が、子どもにとって最も深い理解者であり、信頼できる人であること、力になってくれる存在であること、それが大事なことだと思います。

もっと広い目で個性を見つめて

全面的に保護を必要とする生まれたての赤ちゃんから、親の保護が要らなくなって自分自身の足で立っていけるようになるまでの経過は、人それぞれですし、年齢で区切れるものでもありません。ただ一般的には、小学生は身体的、心理的、精神的にも、まだまだ親の保護が必要な時期ですから、個性や可能性以前に、その子の命が安心して生きていける環境や人間関係、手立てが、土台として必要です。

たとえば庭師は、少し元気のない木を見たときに、その木に必要なのが日光なのか、水なのか、栄養のある土なのか、周りの木を除《よ》けてやることなのかが分かるといいますが、それと同じで、その子が元気に成長して個性を発揮するために今、何が必要か、または何がその子の可能性が伸びるのを邪魔《じゃま》しているのかを見る「まなざし」が大事なのではないでしょうか。

親や先生は、成績がいいとか、運動神経がいいなどという、目に見える、将来仕事につながる「個性」にはとても敏感に反応して伸ばそうとしますが、その子の個性や可能性というのは、その子どもの優しさや、すぐれた感性、ユニークな表現力など、点数や形にならない、目に見えないものがたくさんあります。それを全部含めて個性や可能性なんだ、と捉《とら》える広い見方が必要です。

世間の価値観や、親にとって都合のいいものさしに子どもを当てはめようとするのではなく、「この子のこういうところがすごく素敵だな」とか「ここを伸ばしてあげたいな」という、その子の命が持つ、あるがままの個性や可能性を見てもらえることが、子どもにとって実は何より幸せなことだと思います。

お金を「稼ぐ」信仰をやめておおらかな価値観を

個性や可能性と、「稼《かせ》ぐ」ことは必ずしも重なるものではありません。子どもが不登校や引きこもり気味になったとき、私たちが「今はしんどいのだから休みを認めてあげよう」というと、多くの親御さんは「それでお金を稼げる人になれるのか」と言います。

また、「漫画家になりたい」「演劇をやりたい」「音楽をやりたい」というと、「それで食っていこうと思うな」「そんなことではやっていけない」と言う親がとても多いのですが、稼ぐか、稼がないかとは関係なく、その子が今それを重要だ、やりたい、と感じているなら、そこで命を燃やせるように協力してあげたらいいのです。

ニート※が問題だと騒がれていますが、学校を卒業したからといって誰もがすぐ働かねばならないわけではないですし、これから何をしようかと考えて学校にも仕事にも就かない時期など人にはたくさんあって、常に「稼いで」いる必要はないのです。大学を卒業して就職しても3割の人が3年以内に離職する時代ですから、学校に行く、行かないに関らず、その子が将来どうなるかなど、誰にもわからないのです。

私から見ると、不登校になっている子どもよりも、「お金を稼ぐ」という一つの価値観しか持たないでイライラしたり落ち込んだりしている親のほうが、その人生観でこのまま生きていって大丈夫なのだろうかと心配になるくらいです。

稼ぐことと個性が重なるかどうかは、努力や運などいろいろな要素がありますし、結果的なことですから一律には言えませんが、いったん「稼ぐ」という尺度から切り離して、その子が今必要としているのは何なのか、ということを親は見ていって欲しいと思います。

ニート（NEET）

“Not in Education, Employment or Training”の頭文字に由来。「就学、就業職業訓練のいずれもしていない者」の意味。もとは英国政府の労働政策において定義された概念。

個性を伸ばす親のまなざし

発明王エジソンも不登校だった

人間性というのは、とても豊かなもので、いろいろな個性や可能性を秘めたものですから、何かあっても親がその子を肯定的に見る「まなざし」がとても大事です。

エジソン※も、小学校2年生から一度も学校に行ったことがない、いわゆる「不登校」でした。成績も悪いし、算数もまったくだめで、いたずらばかりやるので学校に行っても怒られっぱなし。そこでエジソンのお母さんは、もう学校に行かなくていいと言って、エジソンのために自宅に実験室をつくり、彼の好きなことを見守り、協力することにしました。その実験室で、エジソ

エジソン
トーマス・A・エジソン。アメリカの発明家（1847-1931）。印字電信機・二重電信機・電話器・蓄音機、映画の撮影機および映写機、白熱電球などを発明、1300以上の特許を得て発明王と呼ばれている。

ンは才能を開花させ、歴史的な発明王になったのです。

実はこのように、子どもが不登校になって、いろいろな葛藤《かっとう》や試行錯誤《しこうさくご》の後に、その事実を認めて受け止めていくお母さんはけっこういます。

私たちの仲間のホームシューレ※の子で、小学校高学年から学校に行かなくなった、ものづくりがとても得意な男の子がいました。学校の宿題はやらないのに、自発的に何かを作り出すことがとても上手で、紙粘土《ねんど》でつくったりんごを私にくれたことがありましたが、本物かと思うような、かぶりつきたくなるような見事なりんごでした。

その子のお母さんは、息子の進学のために貯めていたお金を、あるとき、「学校の方のことには芽がないけど、こんなにものづくりが好きなら作業所をつくってやろう」と庭をつぶしてその子用に小さなアトリエを建てたのです。

その子は今、25歳ぐらいになりましたが、恐竜の模型をつくるのが素晴らしくうまくて、今では自分の名前をつけて「造形研究所」の看板を下げ、玩具メーカーの社長が注文にきたり、東京の有名なデパートで個展を開いたりするまでになっています。

ホームシューレ
学校に通わず、家庭を拠点に学ぶ「ホームエデュケーション」を行う子どもと親の全国的なネットワーク。1994年に東京シューレが始め、現在約300家庭がつながっている。

このような例は他にもたくさんありますが、重要なことは、まず親がその子のありのままを認めないとできない、ということです。稼ぐ、稼がないにつながらなくても、本人のやりたいことを大事にしたり、その子のひらめきや感性に関心をもったり感動してみたりしながら、協力的に関っていけば、本人が自ら個性や可能性を伸ばしていくものなのです。

花を開かせるのは本人ですから、親は邪魔《じゃま》をしない、芽を摘《つ》まないことです。

不登校の子たちのその後

東京シューレ（以下、シューレ）の20周年にあたる2005年に、卒業していった子たちの進路を聞くアンケートをとりました。それを読んでいると、歩む道はそれぞれですが、本当に自分に素直に生きていて、お金や地位ではなく、家族や友人、自分らしさを大切にし、とてもいい生き方をしているなとうれしくなりました。

一例ですが、通っていた学校でいじめられて、シューレに来たときは何ヶ月も泣いてばかりの女の子がいましたが、彼女はあるとき、自分が辛い経験をしたから「弱者の味方として人生を歩みたい」と決めて、大学に進学したあと、海外のNGOとつながりのあるサークルに入り、語学にも強くなりたいと決意してアメリカへ留学し、今は※国連難民高等弁務官事務所の正規職員になっています。

今も、シューレの子どもたちに話しをしに来てもらうことがありますが、シューレでつらい時期に支えてもらい、自分なりに生きていこうとわかってから、生きるエネルギーが出てきた、感謝している、と言ってくれています。

また、子どもとの関りを持ち続けたい、とシューレのような子どもを育てる団体に助成金を出す仕事を10年間ほど続け、今は大学の講師になった人。

旅行が好きで、「学歴」はないけれど「旅行歴」が買われて大手旅行代理店のかなり上のポジションで活躍している人。

太鼓《たいこ》をやっているうちに日本の伝統芸能に興味を持ち、文化庁から助成を受けて養成研修のあと伝統芸能のプロになった人など、それぞれに辛い経験をしながらも、それをバネにして自分なりの道を歩んでいます。

もちろん世の中の理解がないため、不登校というだけで差別をされたり苦

国連難民高等弁務官事務所（UNHCR）
国連の難民支援機関として、1951年から、迫害や紛争によって故郷を追われた難民の人々を保護し、援助や教育を行う。緒方貞子氏が日本人として初めて弁務官を務めた。

しい体験をしている子もいましたが、不登校だったから、とか、フリースクールの経験をしたからといって社会でやっていけない、ということはなく、進学したり、働いたり、家で過ごしたり、結婚したり、それぞれ自分らしく歩むことを大切にしながら立派に育ち、人生に立ち向かっています。

子どもの個性を伸ばすのは多様な教育の選択肢

日本社会の「不登校」の捉え方の移り変わり

日本では1975年から不登校が増え始め、今では小中学校で12万人を超えています。不登校が増え始めた70〜80年代当時、不登校は「登校拒否」と呼ばれ、学校に行かない子は怠《なま》け、逃げ、甘え、親の育て方の問題、心の病などとされ、否定、異常視されていました。

「首に縄《なわ》をつけてでも登校させないと社会に出てやっていけるようにならない」といわれ、戸塚ヨットスクールなどの矯正施設※に子どもが送り込まれたり、精神障害者の入寮施設に強制的に入所させられるなど、数々の悲劇を生んだ時期がありました。

矯正施設
不登校や家庭内暴力など問題とされる行動を起こした少年少女が、更正のために送り込まれる施設。当時有名であった戸塚ヨットスクールは、その1つ。

そのような中、1985年に東京シューレが出発し、私たちは当時一般的であった「学校へ行くのが正常」であり、行かないことは「訓練」「矯正」「治療」して「治すべきものである」、という見方に大いに疑問を持ち、学校復帰を目標とさせるのではなく、「学校へ行く、行かないは子どもの意思を尊重することが大事」と考え、訴え続けてきました。

そのような考え方が次第に広まりを見せ、また不登校の子どもが増加の一途を辿《たど》っていたこともあり、1992年、文部省（当時、現・文部科学省）が、それまで登校拒否は〝本人の性格か親の育て方に問題がある〟としていた認識を「誰にでもおこりうる登校拒否」と転換したのです。

文部省が20年来の認識を変えたという画期的な出来事で、あくまでも学校に復帰させることが前提ではありましたが、強引な登校強制は減り、フリースクールに通う日数を学校の出席日数にする通達が全国に出されたりして、色々なタイプのフリースクールが増えたのはこの時期です。

ところが、また2002年になって風向きが変わり始め、文部科学省では「不登校の急増に歯止めのかからぬ背景には不登校容認の風潮があり、憂慮すべき事態」として「第二回不登校に関する調査研究協力者会議」が開かれ、翌年には「学校復帰が前提であり、何らかの働きかけが必要」という答申が出されました。

その後から、それまで見守る姿勢でいた公立学校の校長がアポイント（面会の約束）も取らずに不登校の子がいる家庭を突然訪ねてきたり、先生が「お子さんの顔を見るまで帰りません」と居座って帰らない、先生や民生委員※からの電話が増えた、などの報告が父母の会でも増加してきました。

私たちは20年間活動する中で、不登校の子にとって「学校に戻る」ことが解決策とは言えない、ということを一貫して言い続け、昔と比べれば仲間はずいぶん増えましたし、社会的にもこのような考え方が多少受け入れられるようにはなってきましたが、政府の受け止め方はなかなか変わりません。

ここ2〜3年でも、不登校減少作戦などといって、子どもを学校に戻そうとする圧力がさらに強くなっていますが、それは子どもを中心に据《す》えた政策ではなく、行政や学校が数字にこだわって進めているだけという感が否めないのは不幸なことです。

民生委員
社会福祉の増進を任務とし、地域住民の生活状態調査や要保護者への保護指導、社会福祉施設への連絡・協力などを行う民間委員。都道府県知事が推薦し厚生労働大臣が委嘱する。

学校は子どもの権利

本来、学校に行くこと、教育を受けることは子どもの権利です。その権利を果たすために親には就学させる義務があり、行政には学校の設置義務がある。その権利を子どもが何かの事情で行使しない、というだけで、それを「治す」ために何百億という税金をかけているのです。例えば選挙権を行使しなかったときに、「選挙に行くことのできる人に治してあげましょう」とは言わないでしょう。学校から離れただけで「治す必要がある」「問題の子」「心の病を抱えている」とされるのは本当におかしな話だと思います。

本来学校というのは、その子どもが安心して自己を発揮し、育っていく、子どもが幸せだと感じられるはずの場であり、育つ権利が保障される場であったのですが、今の日本の学校は、一律一斉のあるべき姿を求め、その子の個性を伸ばすというより、社会や国が求める人間にならせるための場と化し、そのために膨大《ぼうだい》な時間とお金が使われています。その枠に当てはまらない子は、当然苦しみます。

もちろん、学校のように決まった枠があるところを好む子、学校が大好きな子もいますから、私は学校を否定はしていませんが、学校には解決されるべき問題、変わらなければならない部分が多々あることは事実だと思います。

フリースクールでそれらの問題が全部解決するわけではありませんが、フリースクールをはじめ、もっといろいろな選択肢があって、その中から自分で選べることが大切で、フリースクール的なやり方を学校制度の中にもっと取り入れれば、多くの子にとって学校が楽しくなるだろうと、私は思っています。

草の根の力で多様な教育を

今、教育をめぐって政府では教育基本法の改定など、さまざまな形で時代に逆行するかのような流れがあります。短期的に見れば、状況はとても悪い方向に向かっていますが、今は世界が一つになりつつあり、国際間の人の往来も激しい時代ですから、戦前のように国が全部を統括するようなやり方、文部科学省の学習指導要領一本だけというのではやっていけません。

政府は国の力を強めようとしていますから、あまり楽観はできませんが、私は長期的には多様な教育を認めざるをえない状況になっていくと思っています。多様な教育があって、多様な人が多様に育つことがあってこそ、一人一人の力が本当に発揮されるのです。

オランダのように、市民が集まれば学校を作ることができ、多様に存在する学校が経済的に国からも保障されるようになること、そして公教育ではない、オルタナティブ※（既存の支配的なものに対する、もう一つのもの）な学校を選んでも、進路を決めるときなど社会的に不利にならないということ。そして、公教育とオルタナティブ教育の間を、相互に行き来できるようになることが必要だと思います。

オルタナティブの中にはホームエデュケーションも含まれますが、イギリスではホームエデュケーションも教育の選択肢として認められています。

イギリスでずっとホームエデュケーションでやってきた子が、あるとき、ちょっと学校に行ってみようと思って、役所に手続きをしに行ったらすんなりそれが受け入れられた。

ところが2～3週間学校に通ってみたら時間割で細かく区切られているし、学力テストはあるし、自分には向かないと思って、やっぱりホームエデュケ

オルタナティブな学校
フリースクールなど、既存の公立、私立、国立の学校とは異なり、文科省の学習指導要領から独立した方針、内容で教育を行う学校。日本の現状では特区で認められない限り、学校法人としては認められないので卒業しても学歴にならない。

ーションに戻りたいと役所に言ったらすぐに変えてくれたそうです。なんて優れた制度だろうと思いました。

いったん選んだらその一つの道しかない、ということではなく、学び場を複々線化し、乗り換えのハードルを低くするのは大切なことです。

豊かな社会とは、教育のあり方が一つの形に限られているのではなく、多様な教育の選択肢があり、一人一人の個性が生かされ尊重されて、ニーズが満たされる社会だと思います。

それが実現して初めて、子どもは安心して自分の未来に夢や希望をもち、幸せに子供時代を送れるのではないでしょうか。

競争から降りることで得られる質の違う「幸せ」

子どもと親の自己肯定感

子どもが個性を発揮して幸せに育っていくためには、その子のあるがままを認めてもらえることが大切だ、というお話しをしましたが、最近では子どもが不登校になったという事実を受け入れることが難しいお母さんが多いのも事実です。

「私も辛かったのにどうしてこの子だけ甘えが許されるのか」とか「頭では分かります。でも心がついていかないのです」「私だって同じくらいの年齢のとき、親から厳しくされたのに、どうしてこの子だけ…」とだんだん子どもに腹が立ってくる。子どもが苦しんでいるのだから分かってあげて下さい、と言っても私は分かりたくないと、子どもと親が同列になってしまうのです。

その元を手繰《たぐ》っていくと、お母さん自身が受験競争や管理教育、世間体《せけんてい》の中で育てられてきているので、自分で自分を受け入れられていない。それを子どもに投影して、子どももこうすべきだ、となるので子どもの不登校など認められない。自分の問題と子どもの問題が絡《から》んでしまっているのです。

私は海外のオルタナティブ教育の人々とも交流がありますが、こういう面で、日本は事情がかなり違うなと思います。これだけ豊かになっても、「この自分でいい、幸せだ」と親である大人自身が自己肯定感を持てないのですから、日本の教育はやはり何かを間違えてきたのかな、と思います。

子どもが親を変えていく

ただ、よく言われる「親から虐待《※ぎゃくたい》を受けた子は、自分の子どもに対して虐待する」というように親の抱える問題が世代を越えて必ず連鎖《れんさ》するかというと、それは違います。過去にとらわれず、「今、何ができるか」を見ることが大切です。私たちは、お母さんたちが変わっていく例をよく見ています。

虐待
子どもに対し、身体的、心理的、性的な暴力を振るったり、世話をしない、無視する（ネグレクト）などの行為を行うこと。

不登校の親たちが集う「親の会」に参加して、自分の不登校の子どもについて話をしていると、だんだん自分のことも考え、話さざるを得なくなりますが、そこで仲間に孤独感、疎外感、辛さ、苦しさを受け止められ、親自身が深い部分に気付いていっていい結果になることが多い。つまり、親が変わってゆくのです。

そしていったん親自身の価値観が広がると、その後、夫が重病になったとか、おばあちゃんが大変だとかいろいろ辛いことがあっても、その事実を受け止められるようになるのです。

そういう方たちは「不登校で学んだことが人生に生きた」「不登校に感謝している」とさえおっしゃいます。そうやって、子どもが親を変えているという側面もあり、それは意味があることだと思います。

でもそうなるためには親が子どもの声を聞くことができないといけません。子どもが何か言っても、「何言ってるの」と跳《は》ね返してしまうようでは、親のほうが当然立場が強いですから、子どもはますますつらくなって悪循環を繰《く》り返すだけです。子どもから学ぼうとか、子どもの声は本当だな、と自身の価値観やものさしから少し離れてみることが大切だと思います。

最終的には親の価値観

競争に勝ち抜くことが幸せだ、という価値観でいると、競争から降りることはダメなことに見え、将来も不安で暗い気持ちになります。でも、競争に乗る人たちは、ずっと競争し続けていかなければならないので、それはそれで相当辛いことだと思います。

いつも人と競争して、「勝たなければいけない」「落ちたらもうダメだ」という不安やストレスを感じながら生きるよりも、人と比べられない生き方のほうが、ぜいたくな暮らしはできないかもしれないけれど、非常に心穏《おだ》やかに暮らせます。それに気付いていくことが大切なのではないでしょうか。

高校受験をしないことに決めたとか、競争から少し降りたばかりの時点では、本当に学校に行かなくていいのか、などと悩みますが、行かなければ行かないで、そこにはその日々があるのです。

「以前のようにイライラしたり焦《あせ》ったりしないで、コーヒーを飲みながら息子とその日のニュースについて、意見を言い合えることが幸せだと気付いた」というお母さんがいましたが、そういうものだと思います。

その日々の価値に気付き、その子のあり方や個性、能力が活かされる生き方をゆっくり見つけていく。

それには欲をかかないことです。ぜいたくをすることがすごく幸せとは限りませんし、地球環境のことを考えれば、これからは無駄遣《づか》いやぜいたくをしないで生きていけることの方がよほど大切です。経済的に大変だと言いますが、世界のもっと貧しい国の人々に比べれば、日本人はものすごい無駄遣いをして豊かに生きているのですから。

もっとシンプルな価値観に変えてみると、意外に身近なところに、競争に勝つこととは質の違う「幸せ」を感じるかもしれない。そういう生き方を自分でしてみると、それはそれでいいんだな、前よりずっとストレスがなく、穏《おだ》やかに暮らせるなということに気付いていきます。

本人がまた学校に行くと言えば行けばいいし、働くと言えば働けばいい、学校に行かない間は家族で生き合っていけばいいのです。何歳になったから働かなければ、ということではなくて、25歳でも30歳でも、今生きているわけですから、まだ家族で生き合っていけると思えばいいのです。その中で、何をしたいのか、何ができるのかを考えていけば幸せに暮らせますが、不幸だと思っていれば、何をやってもずっと不幸なままです。

二つの「つ」

これからの社会のあり方を変えていくためには、やはりまず、選挙民が賢くなる必要があります。教育基本法の改定なども、私たちのような考え方があまり反映されないまま、国会議員の数で決まってしまうわけですから、日本の制度の中では、この人は子どもの信頼を裏切らない、この人こそ子どもの味方であるという人を議員に選んでいくことが、まず必要です。

それから、市民としてもっとモノを言っていくことです。日本人は一般的に、お上にモノ申してはいけない、学校に文句を言ってはいけない、行政に楯突《たてつ》いてはいけない、というような意識がありますが、実は主人公は自分たちなんだ、ということに気付くことです。

行政も学校も、市民の委託を受けて税金で仕事をしているわけですから、むしろ権利はこちら側にあるのです。こちら側がどうしたいのか、何が不都合なのかをもっともっと発信していくことです。

私は、東京シューレやNPO（非営利民間組織）などをこれまでやってきた中で、いつも「二つの『つ』」が大切だと言っています。

一つは「つながる」の「つ」。一人でできることは少ししかありませんが、人とつながってできることはたくさんあります。つながることは力ですから、広くつながって行こうじゃないかと。多少の違いがあっても、この大きな目的のためには手をつなぎましょう、という考え方をもっとしてもいいと思います。問題を共有し合える仲間たちと出会い、つながっていくことです。

もう一つは、新しく「つくる」の「つ」です。時代の状況は常に変化しますから、今までうまくいっていたから、これからもうまくいく、ということはないのです。

私たちは、フリースクールや、ホームエデュケーションのつながり、全国不登校新聞社※、フリースクールの全国ネット、不登校の親の全国ネットなど、そこになかったから新しく作った、というものがたくさんあります。どうせ作れないよ、と思わないで、ニーズに応《こた》えて何とか新しいものを作っていく。そのときに、「つながり」の力を活かしていく。

全国不登校新聞社
不登校や子どもに関するニュース、当事者の声などを掲載する新聞「Fonte」を月２回発行するほか、書籍の出版も行う NPO 法人。

このように、すべての子どもたちの個性が認められ、生かされる豊かな社会を実現するために、国全体をすぐに変えることはできなくても、身の周りでできることはいろいろあるのではないかと思います。

まとめ

●子どもの個性は、成績やスポーツのように目に見えるものばかりではない。親のものさしに子どもを当てはめずに、その子が持つあるがままの個性をおおらかな目で見てあげること。

●発明王エジソンも不登校だった。母親が子どもの感性に関心を持ち、協力的な態度で関われば、子どもは自ら個性や可能性を伸ばしていく。花を咲かせるのは子ども本人、親は邪魔をしない、芽を摘《つ》まないで。

●競争の価値観で生きると、いつも負ける不安とストレスを感じながら生き続けることになる。人と比べない、比べられない生き方をすると、もっとシンプルで穏やかな、これまでとは質の違う「幸せ」と出会う。その価値観に気付いていくことが大切。

子どもの失敗を見守り自立の力をつけてゆこう

白梅学園大学教授・副学長
汐見稔幸

汐見稔幸

しおみ としゆき

1947年、大阪府生れ。東京大学大学院教育学研究科博士課程修了。東京大学大学院教育学研究科教授を経て、07年4月から白梅学園大学教授・副学長。東大教授時代に東京大学教育学部付属中等教育学校校長を兼務。

専門は教育学、教育人間学、育児学。教育学を出産、育児を含んだ人間形成の学として位置づけようと、その体系化を与えられた課題と考えている。また、三人の子どもの育児に関わった体験から、父親の育児参加を呼びかけている。

保育者たちと臨床育児・保育研究会を立ち上げ、定例の研究会も続けている。同会発行のユニークな保育雑誌『エデュカーレ』の責任編集者も務める。

著書は『子育てにとても大切な27のヒントークレヨンしんちゃん親子学』（双葉社）、『学力を伸ばす家庭のルール』（小学館）、『子どものサインが読めますか』（女子パウロ会など）ほか多数。

「親子のハッピーコミュニケーション」岩崎書店　1300円＋税

「学力を伸ばす家庭のルール」　小学館 1300円＋税

子どもが「幸せ」になれる根本条件

幸せを育む安心感という感覚

子どもが生まれてくるとき、子どもは自分で「この親になって欲しい」と選んで生まれてくるわけではありません。「今」という時期も、日本のこの家庭という、国や地域、両親も、自分で選んだわけではありません。にもかかわらず、その親子関係をその地で、その時代に生きるということは、否応なしに引き受けなければなりません。

人間は自分で選んだという意識があれば、その選択に対して責任をとったり、選択を誤ったと思えば選択しなおすこともできますが、自分で選んだ意識がないことを背負わされるというのは、よく考えれば理不尽《りふじん》なことです。

そう考えれば人間というのは、その理不尽に背負わされる人生の中で、「生まれてきてよかった」とか「こんなことは産んでもらわなければ体験できなかった」という体験をどれだけ豊かにするかによって、自分がこの世に生まれてきたことを深く納得できるかどうかが決まるのではないでしょうか。

つまり、人間の幸せとは、「私が今ここにいることには意味がある」、という感覚が豊かにあることにこそあるのだと思います。

そのためには、人生の最初の時期がきわめて大切だと思います。子どもは生まれた後にまったく未知の世界を経験していきますが、そのときに、母親や父親が中心となって、子どもにどんなにつらいことや不安があっても、「この世で生きていくことは何も心配ないんだよ」「心配があっても、私たちがついているから安心でしょう」というメッセージを送って、安心感を感じさせてあげることが大切です。

「これをしたときだけは愛してあげる」ということではなく、「あなたが生きている限り私たちは無条件に愛を送り続けるよ」というメッセージです。

子どもはこのようなメッセージを繰《く》り返し受け取る経験をとおして、生きることは安心できることだという、言葉にならないような愛を手に入れることができます。最初は親との間にだけあった安心感が、大きくなるとともにどんどん外に広がっていき、地域や学校、社会の中での安心感になっていくのです。幼い頃だけでなく思春期になっても、誰かが私を支えてくれる、という安心感がある子どもは精神的にもとても安定しています。それが幸せになれる一つの根本条件だと思います。

深い魂の世界まで興奮できる体験

一方、人間は常にじっとしているだけではおさまらない動物です。高いところに登ってみたり、自分の能力の限界にチャレンジしてみたり、精神の高《こう》揚《よう》のようなものをいつも求めています。それはエサを食べることとはまた違う、精神的な栄養のようなものです。その典型が遊びです。

遊びは精神の興奮性を求める活動で、遊びでお腹が膨《ふく》らむわけでもなく、一見何の役にも立たないように思えますが、夢中になれる遊びの中で子どもは自分の可能性を試してみたり、空想の世界で王子様になってみたりして、精神の高揚を体験し、最後にまた安心の世界に戻ってくるのです。

遊びはこのように心身の興奮と沈静、自分の可能性の水準の向上というようなこと自体を目的にして行われる活動ですが、それらは結果として、自分が何かの役に立ったとか、自分の周囲にある自然と深くコミュニケーションできたとか、満天の星を見てものすごく感動したとか、安っぽいものではない、深い魂《たましい》の世界まで興奮するような体験の世界をきり拓《ひら》き、耕してくれるようになります。

最初の安心感を土台にしながら、「自分がいることを他者が喜んでくれる」「自分という存在が他者の役に立っている」「自分の周囲にある、あらゆるものと深くコミュニケーションができるということがとてもうれしい」という感覚を一つ一つ体験していく、それが「自分が今ここにいることは意味のあることだ」、「生きるってすごく価値のあることなんだ」という、人生を意味づけてくれる貴重な経験になっていくのです。

ですから、「生きることを支えてくれる安心感」と、「生きることを意味づけてくれる感覚」、その二つが適切に得られる状態を、幸せというのだと思います。自分がいまここにいることは、ちゃんとした意味のあることなのだと深く感じられることが、人間にとっての幸せなのではないでしょうか。

個性や可能性を見つけ、伸ばすために親ができること

縦《たて》並びでなく横並びの「違い」感

人には、宇宙の中の様々な生命の一つだという点で「みんなと同じなんだ」という感覚と、「私は一人しかいないかけがえのない存在である」という感覚があります。子どもの個性を考えるとき、この二つの感覚が必要です。

一人一人が同じ生命を受けながら、その表現形態が全部違うというところに生命の本来的なあり方があります。みんなと同じでありながら、みんなと違う。これが人間の本質なのです。ただ、この「違う」ところにどのような価値を見出すか、そこにいろいろな価値観、世界観が発生するきっかけがあります。違いを縦《たて》に並べて、誰々より上だ下だと、序列化していくような違

い感に私たちはしばしばとらわれますが、そうではなく、違いを横に並べていくという違い感もあります。

横に並べていく違い感というのは、たとえば人間で言えば「僕はゆっくりでなければ自分らしくない」とか、「僕はテキパキやらなければ気がすまない」とか様々なタイプがあっても、それをどちらが上とか下とかいう形で序列化しないで、ただタイプの違いとして横に並べておくだけという違い感をさします。上下ではなく、多様なあり方を同列に認める違い感です。

昆虫でも、皆が同じように飛んだり同じように休んだりしたら気持ちが悪いですね。いろんな飛び方をしたり、様々な異なる行動をする、そのような多様性があるから自然界は美しいのです。

人間も、一人一人違うからこそ豊かなんだ、と違いを横に並べていく、多様なあり方をしていることそのものを尊重していく。そういう違い感もあるわけで、そういう違い感を本音で身につけられるかどうかが、実は人間の幸せの条件だと思います。

本来、生物学的にいうと人間が一億人いれば一億通りの遺伝子※があるわけですが、そこで遺伝子に組み込まれた情報がどのように開発されて具体的な

遺伝子
各々一つずつの生物の遺伝形質を決定する、両親から子孫へ、細胞から細胞へと伝えられる因子。

形をとっていくかは、ある程度環境条件によります。この遺伝子をもった人間はこういう人間になる、とは決まっていません。遺伝子の持っているその子らしさの可能性が、できるだけ無理なく発現していくようにさせることが、その子の幸せであり、親の役割ではないでしょうか。

子育てとは、この子はどのようなかけがえのなさを持った存在なのかを、上手に見出していく営みでもあるのです。

社会の大きな枠の中での個性

個性は、ただ好きなようにさせて、その子の個性だろうと思われるところだけを大事にしていれば育つ、というわけにはいきません。子どもは一つの社会の中に住んでいますから、自立した形でその社会のしきたりや習慣、規範、約束などを守り、その共同体の一員らしく振まえるように育っていかなければその中に入れないからです。

その規範の取り入れ方やスタンスの取り方など、細かい部分はまさに千差《せんさ》万別《ばんべつ》で、そこに個性も表れます。例えば、この社会では人を殺してはいけない、というルールがあったら、頭にきた相手に対して、バカヤローと言ったり、話し合いをしたりして、殺すということ以外の対応をしなければなりません。同様に、人に会ったらちゃんと挨拶をする、お世話になったらちゃんとお礼を言う、などは私たちの社会では共通にできなければいけない、守らせなければいけないことですが、どのように挨拶するのか、あるいはお礼を言うのか、そのやり方はある程度個性的であっていいのです。

その大きな枠の中で、子どもが自分の個性を出していくためには、親が許容量を大きく持つことが大事です。「お兄ちゃんはこうしたから、あんたもこうしなさい」「女の子だからそうするのが決まっているの」などと言ってしまえば、その子らしさを発揮する部分がどんどん減っていきます。

バランスの取り方は難しいですが、やはり、横に広がった多様性こそが豊かさの条件だということ、一人一人が違う発想をしたり、同じ話題について違う意見を言い合ったりすることが人間の豊かさであり、みんなが同じように振るまい、同じ意見を持つことは気持ちの悪いことだという感覚を、親が持っていることが大事です。

そのためには、親自身も、自分は人と違うところがあるけれど、それは卑《ひ》下《げ》することではなくて私らしさの一つなんだ、という自己への信頼感、肯定感を持っていることが大切になります。自分の個性を自分で受容し肯定できるからこそ、子どもの個性も受容し肯定できるのです。それがうまくできていないと子どもがちょっとほかの子と違うことをしたときに「へえっ、おもしろい子」と共感的に思えずに、「何バカなこと言ってるの」と否定的になってしまいます。子どもが皆とちょっと違うタイプの子であったときに「すごく楽しみだ、おもしろいわ」と思えるか、「嫌だわ、皆と同じにやって欲しい」と思うか、それは、親の自分自身の個性に対する自己信頼感の強さ弱さでかなり決まってくるのです。

子どもの失敗を見守る姿勢を

子どもは大人から見ていい体験ばかりして大きくなっていったら、たいした人間にはなれません。小さくつまずきながら少しずついろんなことを学んでいくという育ち方がその子を豊かにするのです。失敗する体験が多ければ多いほど、教訓を自分でいろいろ作っていけるのです。

子どもの遊びを見ていると、自分の能力を１００パーセント、１２０パーセント発揮しなければ高い所から落ちてしまうような、ダイナミックな遊びをやっている子どもは意外とケガをしません。小さなケガを積み重ねて、だんだんケガをしなくなっていくのです。

ですから、子どもの個性が出てくるようになるためには、その子の持っているものを１００パーセント、１２０パーセント出させるような遊びの世界にうまく誘ってやることがとても大切になります。そういう遊びや生活の世界をきちんと保証していけば、子どもは放っておいても個性的になっていきます。でもそこに至るプロセスのかなりの部分は失敗だということを知っておいて下さい。枝を折って木から落ちたりしながら、こっちの枝は危ない、こういう枝は危険だ、これは絶対大丈夫だ、と学んでいくわけで、親がその失敗を「いい体験だわ」と思えるか、「だから言ったじゃない」と否定してしまうか、その親のゆとり、子どもへの信頼感がとても大きいのです。

子どもは発展途上人ですから、なんでこんなものにこだわって同じ失敗を何回も繰《く》り返すのか、ということをよくやります。でもそのこだわりはその子の遺伝子に基づいたところがあるのです。最初はそのこだわりをうまく形にできないかもしれませんが、頭ごなしに「そんなバカなことをやっていないで」といわないで、少し距離をとって眺《なが》めていて、一回目より二回目、二回目より三回目と少しずつ上達しているという側面を見てあげるようにして下さい。こんなものを作ってみたい、あんなふうにやってみたい、というとき、子どもの想像力の世界は、大人のような形をとっていないだけで、かなり深いものがあると私は思っています。

実は、子どもは大人の顔つきを見ながら、今、世界が幸せな状態なのかどうかを見抜くだけの直観力を持っています。理屈ではないけれど、私たち大人と違った形で世界というものを知っているのです。ただ、世間の論理をまだ持っていないため、それをどうしたら世間に分かってもらえる形にできるか、どうしたら世間が納得してくれるのかが全然分からない。そこを手伝ってやるのが親だ、というぐらいのスタンスが大切なのではないでしょうか。

本物の体験をさせる

私はよく、「本物の体験」という言い方をしますが、「本物」を見るとか

「本物」の人に接して、子どもが「わあ、すごい」とか「すげえなあ」というような、魂《たましい》を揺《ゆ》さぶられる体験を豊かにさせてやることが大切です。

今は苦労しなくとも簡単に情報が入ってくる時代ですが、たくさんある情報の中から、何がいい情報なのか、自分に必要なのはどの情報かを選ぶとき、その判断の材料になるのは頭の中に無理に蓄《たくわ》え込んだ情報ではありません。自分の頭と心と身体を総動員して得た情報です。その体験情報が豊かにあって初めて、その情報の価値や意味が分かるのです。

ですから、できるだけ本物を見せてやろう、という意識を持って、本物にたくさん触《ふ》れさせてあげる、それは山や川など自然の中に連れて行くことでもいいですし、本物の料理を一緒に手伝わせることでもいいのです。

本物に触れる体験をとおして、子どもたちの心が何かを感じて揺《ゆ》れる、その体験と心が響きあったとき、その子の中に隠れていたものがどんどん発酵し、形を整えていくのです。

そういう環境を作ってやって、子どもに適切に刺激を与えてやる、そして興味を持ったことには没頭させてやり、暖かく見守ってやる。それが個性育てにとって一番大切なのではないかと思います。

子どもの幸せ感を奪う日本の教育の現状

競争よりも共感を

小学生くらいの年齢は、こんなことをしてみたい、未知の世界に行って見たいなど、本来いろいろな欲求があるのですが、そういう欲求を存分に満たしてくれるような体験が、今はほとんどありません。最近の小学生は忙しくて疲れていて、魂《たましい》が揺《ゆ》さぶられるような体験をする時間もない、むしろ魂が傷ついているかもしれません。

早くから人と競《きそ》わされて、上下に価値づけられてしまう。そのように適応しなさい、そこで上に這《は》い上がりなさいと訓練される。それは子どもの深い幸せ感を増大させてくれるような要求ではありません。

人間には、ある意味での凶暴性《きょうぼうせい》があります。自分の欲望のために自分と同じ種族を殺してきたのは、同じ哺乳類の中にもそんなにいません。ライオンでも、いくら飢《う》えてもライオンを襲《おそ》うことはあまりしません。

その面から見たら人間ほど凶暴な動物はいないかもしれません。他の動物を平気で殺して食べるだけでなく、今までの歴史の中で何億人をも殺してきたのです。それほどの凶暴性があるから、この地球を支配してしまったという側面があるのです。

このように、人間は少し条件が変わると、他者をやっつけたいという凶暴な欲求が外に出てくることがあります。でもいくらそれをやっても、幸せにはなれません。一度自分が支配したら、今度はいつ自分が殺されるか分からない、という恐怖の世界に入るだけです。

人間の子どもが、生まれたときに親から無条件で愛されて、生きるのが安心だと思える安心感を手に入れることがとても大切だというのは、そうすることで、人間の中に隠れている潜在的な凶暴性が出てこないようにするという意味合いもあるのです。この時期に他者を攻撃するのではなく、他者に深く受容してもらう。そうすることで戦争でなく平和の方が大切だという原感覚を手に入れるのです。だからこそ、戦争などで人を殺させようとするときには特別の動機付けをしたり、反感を煽《あお》って敵意や憎しみを肥大化させるのです。でも冷静になると、そうやって生きても何も幸せではない。今イラク※の戦場から戻ってきたアメリカの兵士の三分の一が、精神的に大きなストレスを受けて苦しんでいるのは人間の育ちの本質からきています。

今の受験競争は、ある環境のもとで人間に刺激を与えたら出てくるような、「他者に勝つんだ」という一種の戦争のミニ版のようなものです。多少成績が上がったとか、誰々ちゃんに勝ったとか、それで子どもは本当に幸せを感じているか。私はむしろ逆だと思います。

隣《となり》の子が分からなかったときに勉強を教えてあげたら、分かってくれたんだよ、というときのほうが、人間は喜びが大きいのです。一人で考えているより、皆でディスカッションをしたほうがずっとおもしろいのです。競い合うのではなくて、考え合うということのほうが、もっと喜びを体験できます。いろんな考え方の人たちとワイワイやっていると、なるほどな、ということがたくさんあります。そういう体験が幸せ感につながるのです。

それは勝つことでも負けることでもない、協働したり共感したり、与え合

イラク帰還兵
イラクから帰国したアメリカ兵の多くが、PTSD（心的外傷後ストレス障害）に苦しんでいる。いつどこから襲われるか分からない恐怖や、民間人を誤殺してしまった罪悪感で、治療が必要な人も多い。

ったり、支え合うことです。そういう学習の場を奪《うば》われて、今の子どもたちは、いつの間にか人に勝つことを目的としてしまうような、凶暴性のミニ版のような世界に追いやられています。勉強とは、そういうものだったのかな、というむなしい感じがします。

今の受験や競争のあり方は、人間を表面的に興奮させるために凶暴にさせ、子どもを小さな戦場に向かわせるのと同じことです。それで戻ってきても何も幸せではありません。

もし幸せだと思っているとしたら、その子どもの心が心配です。結局、経済社会や国家の論理で、誰かの利益のために、子どもとして学んだり生きることが、手段に使われてしまっているという感じがして仕方がありません。

私立で得られるもの、公立で得られるもの

小学生の子どもを持つ親にとって、私立中学受験を選んで塾通いをさせるのか、公立に行くか、子どもの進学について迷い、悩むことは避《さ》けられないことかもしれません。子どもを私立に行かせたいと思う親の気持ちは、単に

将来有名な大学に入らせるために中学校から勉強させたい、という動機ではなくて、学校の勉強がよくできる子がたくさん集まっているような学校に行けば、子どもに良い刺激を与えてくれるような友達がたくさんできるのではないか、という動機や期待もあると思います。

その気持ちはよく分かりますし、それは選択肢としてあっていいと思います。ただ、青年期にどれだけ人間的に豊かな体験ができるのかを考えたときに、私立の学校に行ったほうが良い体験ができるとは限らないということは弁《わきま》えておいた方がよいと思います。

今の多くの中・高6年一貫のような進学校は、意図的に初めからかなり高いレベルで勉強させられます。そのために、ついていくのが大変だったり、自分は頭が悪いのかなという思いをたくさんします。その結果、勉強に対する喜びではなく、不安をたくさん持ってしまう。それでもっとよい塾に行かなければいけないのではないかとか、自分は頭が悪いんじゃないかとか、一種独特の勉強観を身につけてしまう傾向があります。

一方で、たとえば地元の公立中学校に行くといろんな成績、いろんな経済力の家庭の子どもが来ています。私の一番目、二番目の子どもは公立中学校に行きましたが、クラスにちょっと突っ張った子がいたり、勉強ができない子がいたりする、それが普通の社会だということを理屈抜きで体験できたと思います。

私自身、子どもに、もしお前が多少勉強ができて、勉強できない子どもが隣《となり》にいたとしたら、そのときに黙っているのではなくて、「こうやったら分かるんだよ」とちゃんと手伝って教えてあげるんだぞ、ちょっと突っ張った子がいたら、家庭にいろんな原因があるかもしれないから、話をちゃんと聞いてあげたり、その子の味方になってあげるんだぞ、とよく言っていました。そういうことができないなら、お前は人間として失格なんだ、そういう子の気持ちが分かることが、お前が人間として成長していくきっかけになるんだと。それが学校なんだよと。

公立はそういう意味で、本当の仲間を得ようと頑張ればすごく人間教育になる。それは他では得られないことだ、私自身は本音でそう思っています。

表面的に学校が荒れているとか、そういうことだけで子どもの進学、中学校・高校体験を考えないほうがいいと思います。家庭がしっかりしていることが前提ですが、心配な子がいるときに、その子を避《さ》けるのではなくて、荒れている学校をどう治《おさ》めていくのかも、子どもたちの大きなテーマです。

　みんなでもっといい学校にしようとか、なんで先生はもっと頑張ってくれないんですかとか、いろいろ子どもなりにやらなければならない。そういうことが子どもを育てるんだというぐらいの度量が親には必要だと思います。

　もちろん、あまりにも学校の荒れがひどくて、子どもの努力ではどうしようもなくて無駄だとなれば、中学校体験そのものがネガティブ（否定的・消極的）になってしまいますから、ある程度の決断は必要です。その辺は、周りを見て判断するしかないでしょう。

　でも、公立が私立と比べて客観的にダメだ、ということは全くないと私は思います。私立というのは偏差値が一定になりがちですから、同じような成績の子どもばかりがいる不自然な社会で、競争させるのにふさわしいシステムです。むしろ公立のほうが普通の社会に近く、多様性に富んでいて、活用の仕方、利用の仕方によって豊かな人間形成の場になり得ると思います。

　私の子どもは一番目と二番目の子が地元の公立に、下の子は私立に行きました。本人が友だちを見て自分で行きたがったのですね。今どちらが中学校時代の友達と遊んでいるかといえば、やはり地元の公立に行った子です。いろんな境遇の子どもがいて、それを支えあってきたという自負があって、すごく仲がいい。

進学で煽《あお》っているような受験一辺倒の中学ではなくて、しっかりした教育理念があって、そこで良い友人を手に入れて欲しい、さまざまな知的刺激をもらって欲しいと思って私立を受験させる、というのは選択肢としてはあっていいと思います。ただ、その準備のための犠牲は物心共にけっこうある、ということは知っていたほうがよいでしょう。

子どもの人生は子どもが決める いざというとき助けてあげる

小さい頃から無理に競争させる必要はない

今は昔と違って、高校も大学も全入時代になり、学校をあまり選ばなければそれほど必死にならないと受からない、という時代ではありません。私は、小学校から高校くらいまでは無理をしないで入って、むしろ大学でちゃんと勉強をして欲しいなと思います。

日本では、家に帰って一番勉強をしているのは小学生で、次が中学生で、次が高校生、一番勉強していないのが大学生だというデータがあるのですが、これが日本社会の一つのおかしさです。

大学に入ったら一番勉強する、というのが自然なはずが、小さいときに無理をしているから、上に行けば行くほど疲れてしまうのでしょう。そういう無理はさせないで、大学に行って一所懸命に勉強するのが良いのではないでしょうか。

専門的な勉強をしたいのであれば大学院まで行って本格的に勉強すればいいのです。

小さいときに無理にこれやれ、あれやれと言ってしまうと、自分で自分の世界を見つけていくことをあまりしない、いつも外から課題を与えないとやらないタイプの人間になってしまいます。

ですから、あまり小さいときに無理をさせるよりも、やがてこの子は絶対にやるはずなんだ、というような態度とそれを支える自分の子どもへのある種の信頼感がいると思います。

自分が興味を持ったことに一所懸命になって熱中する体験を小さいときから重ねていけば、大きくなったときに、こういうことをやってみたい、そのためには語学もやりたい、と、自分がやりたいことが見つかります。そこで専門的な仕事をしたい、という気持ちが湧《わ》いてくれれば、おのずと自分を動機づけて、少しずつ前向きになって勉強していくものです。

今、日本では、卒業した大学の名前で社会に通用する時代がそろそろ終わりつつあります。一部の、東大、京大などのブランドは残るかもしれませんが、大学は地元の大学に行って、更に専門性を身につけたい場合は大学院で自分の関心分野で定評のあるところを狙うのが、これからの賢い生き方だと思います。

そのほうが子どもに無理をさせないですし、後になって年齢が上に行けば行くほど勉強をしている子どものほうが、間違いなく伸びるものです。

また、学歴にこだわって生きるよりも、自分のやりたいものを早く見つけ、早くからその専門の世界に入ることもあっていいですね。

今は環境問題にしろまちづくりにしろ、いろんな問題やテーマが地域にも世界にもあって、いろんな専門の人々が一つのテーマのもとに集まってこなければならない、という時代になってきています。私はこの分野のことをずっとやってきました、というような専門分野を持った人たちがたくさん出てきたらいいと思います。

保育園なら保育士さんだけではなくて、臨床心理士や保健士をやってきた人も入っていい。いろんな人が集まって、子どもについての専門共同体を作っていく形がこれからの社会のあり方だと思います。

既成の枠の中で解決していない問題のほうが多いのですから、何かおもしろいことをしたい、という発想を持っている人のほうが、多分いい仕事をすると思います。

子育ての最終目標は、自立の力をつけること

子どもにとって最も大切なことは、将来、大人になったときに自分の力で自分らしく生きていく、ということです。そのためには、自分で判断し、自分が本当にこうしたいと思って行動し、その結果に自分で責任を持つ、という力を育てることが大切です。

親ができることとは、子どもが自分で何かをやってみたいという意欲や、それができるための力を育てることです。

親が先回りをして子どもの歩く道のレールを敷いてしまうと、自分の努力や選択で人生を決められなくなってしまいますし、自分で何かを獲得したという喜びを知らずに育つことになります。

子どもに対して、親がもっともしてはいけないことは、親が子どもの人生を決めてしまうことでしょう。

子どもの選択の幅を広げるために、習い事や塾などに行かせたりすることはあってもいいと思いますが、最終的には子どもの人生は子どもが選ぶもので、親の期待と違うことをしてもそれはしかたがない、という気持ちを持っていることが重要です。

それと同時に、もし子どもが自分の選択で失敗したときは、何歳になっても力になってあげる、援助してやるよ、という親の気持ちをしっかり伝えておくことも大事なことです。

子どもの人生は子どもが決める、でもイザというときには助けてあげる、親として、この二つの気持ちがあれば、子どもは安心してその個性を伸ばすことができると思います。

まとめ

●子育ての最終目標は「自立の力」をつけること。一番やってはいけないのは、親が子どもの人生のレールを勝手に敷くこと。自分で判断し、行動し、自分でその結果に責任を持つ、という力を育てることが親の役目。

●人間も生き物も、一人一人が違うからこそ豊かで美しい。その違いを上下に並べて優劣をつけるのではなく、横に並べて多様なあり方を尊重する「違い感」を持つこと。

●学校のブランドにこだわって生きるより、自分のやりたい分野を見つけて、その専門性を高める生き方もある。そのほうが子どもに無理を強いず、年齢が上になってから勉強を本格的に始める子どものほうが間違いなく伸びる。

●子どもの人生は子どもが決める。イザというときには、助けてあげる。この二つがあれば子どもは安心して個性を伸ばす。

可能性を伸ばすこととは
子どもを信じること

学校法人シュタイナー学園校長
秦理絵子

秦理絵子

はた りえこ

東京に生まれる。早稲田大学で哲学を学んだ後、ミュンヒエン・オイリュトミー学校に留学。1987年帰国公演を機に、全国各地でオイリュトミーの講習・舞台活動を展開。いくつかのシュタイナー幼稚園や子どもの教育の場、大人の講座でオイリュトミー講師をつとめる。

87年帰国の年に誕生したシュタイナー学校「東京シュタイナーシューレ」と関わり続け、学校づくりの運営にも携わるようになる。05年度より学校法人となった「シュタイナー学園　初等部・中等部」では校長の役割も受け持つ。日本大学芸術学部非常勤講師。

著書に『シュタイナー教育とオイリュトミー』（学陽書房）、『成長を支えるシュタイナーの言葉』（学陽書房）など、訳書にオルファース『森のおひめさま』『ねっこぼっこ』（平凡社）などがある。

「シュタイナー教育とオイリュトミー」学陽書房　2000円＋税

「成長を支えるシュタイナーの言葉」学陽書房　2000円＋税

子育てとは、親や教師が子どもを手放すこと

自分を取り巻く環境と仲良くなる

私たちの学校「シュタイナー学園」※で行っているシュタイナー教育※では、子どもが、その年齢に応じてゆっくりと世界を広げていくこと、そして、自分と、自分を取り巻く周りのものとのつながりやバランスを、それぞれの段階で見出していくことを根本に置いています。

子どもが小さいときは、自分の体や心など、まず自分を取り巻く身近な世界とつながる、仲良くなることが大切です。

幼児期の子どもは、自分の体を自分のものだ、とまだきちんと把握していませんが、体を動かしたり、ぶつけたり、おたふく風邪のようないわゆる

シュタイナー学園
神奈川県藤野町にある、シュタイナー教育を実践する小中一貫学校。「藤野『教育芸術』特区」制度を利用し、日本で初めて学校法人として認可を受けたシュタイナー学校。各学年1クラス、現在186名が通う。

「子どもの病気」を経て、徐々に自分の体と馴染《なじ》んでいきます。

幼児期の子どもにとっては、自分の体の中で「気持ちいい」「心地いい」と感じることがまず大事です。

大きくなるにつれて、自分を取り巻く世界は、家族、公園、幼稚園、地域、学校、社会…と広がっていきますが、幸せな状態とは、自分が自分を取り巻く外の環境や社会と「つながれる」ことだと思います。もちろん、成長の節目ごとに、自分の内側にぐーっと向かうとき、また反対に外へ外へと出ていくとき、さまざまな段階がありますが、その時々に、自分にふさわしい結びつきを作っていけることではないでしょうか。

自分の体や心、周りの人、ひいては社会、世界と調和あるつながりを持てないとき、人は幸せを感じられません。そして大人になるということは、自分と社会との間にかける橋を、自らつくり出す立場になることです。

育てることは「手放す」ことでもある

子どもが自分の環境を広げていくということは、それまでいた古いつなが

シュタイナー教育
オーストリアのルドルフ・シュタイナー（1861-1925）の人智学に基く教育。人生を7年周期で捉え、各年齢の心身の発達にふさわしい芸術的カリキュラムにより知性、感情、意志の調和した人間を育てる。

りから出て行くということです。つまり親や教師にとって、子どもを育てることは、少しずつ自分の覆《おお》いから子どもを解き放っていく過程になります。親や教師は、自分には痛いことでも、子どもにとってはそれが幸せなことだと認識していなければいけません。

手放すといっても、体、心、そして人としてのレベルがあります。最初に「手放す」行為とは、まず出産でしょう。出産自体は痛く、辛いものですが、親子がお互いに通らなければいけない過程で、子どもが狭い産道を通って外に出る、お母さんの体と自分の体が別のものになる最初の出来事です。

それと同じように、子どもが独自に自分のまわりにつながりを求め、作り出していく、その過程が成長であり、その子自身の個性が開かれていく過程でもあるのです。

母性と父性、二つの要素

子どもが育つためには母性と父性、二つの要素が要る。これは自然の叡智《えいち》です。

母性と父性のあり方は、日本の昔話の「おばあさんは川に洗濯に、お爺《じい》さんは山に芝刈りに」によく表されていると思います。川で洗濯するときは、川の流れの中で身をかがめて、大切に手塩にかけて洗いますね。洗濯物をかつぐのも、身をかがめて背負います。一方、芝刈りをするときは、背骨をしっかりさせて、どこをどう刈るべきか「分析、判断、統合」をしながら行います。

「手放す」ときに必要な力は、この芝刈りに象徴されています。芝刈りや木の剪定《せんてい》と同じように、どんな形で枝を張らせたらよいか、いつどこを切らなければいけないか、切った後をどう整えるかも含め、スパッと見定めていくことが必要になります。手放しながらも、その子が伸びていく方向を支えるのは、父性的な要素になるでしょう。

つまり子どもを受け入れる、受容する母性の要素と、子どもを守りつつも、距離を持って導く父性の要素、その両方が必要です。赤ちゃんや幼児期など、子どもが小さいときは母性の要素がより多く必要ですが、成人に近づくにつれて父性の要素を多くしていき、20年かけて母性と父性のバランスをとっていきます。

もちろん、運命的にシングルの親として、一人で両方を兼ねなくてはいけない場合もありますし、二人そろっていても、必ずしも男性が父性的で女性が母性的でない場合もありますから、あくまでも「母性」「父性」と考えて頂きたいのですが、子育てにはその二つともが必要、という意識を持つことが大切だと思います。

「母性」と「父性」には、身体的な側面と、特性を表す心の質としての面とがあります。私たちは妊娠・出産という出来事を経て、自然の流れで父親と母親になります。けれども、「母親であること」「父親であること」は、育つ子どものために発揮される人としての深い性質であり、力でもあります。

こちらの方は、私たちが自覚して課題として引き受けなくてはなりません。子どもの成長に必要な二つの要素を、与えられた環境の中でどのように満たそうとするか――その努力が尊いと思います。個別化が進み、個的なものを追求する今の時代には、自分ではなく子どもを中心に考える視点が追いやられがちなものです。自分を開発する機会ととらえられれば、母性と父性の課題も楽しくなるのではないでしょうか。

シュタイナー教育から見た子どもの個性の伸ばし方

本当に子どもを「見る」ということ

シュタイナー教育の教師にとって、その子どもを「見る」ことはとても大切なことです。子どもを見ているつもりでも、本当に見てないことが多々あります。子どもを見るときには、いくつかの見方がありますが、私たちは大きく分けて3つの部分を見ています。その3つとは、「目に見える身体」「目には見えないけれど表れている部分」そして「まだ表れていない部分」です。「目に見える身体」は、その子の頭の大きさ、髪の感じ、肌の感じ、手足や耳、目、身体の均衡《きんこう》、動き方など。「目には見えないけれど表れている部分」は、性格や気質、心が内向きか外向きか、夢見がちか目覚めているか、どんなふうに笑ったり泣いたりするかなどです。「まだ表れていない部分」は、まだ表れていないので見えませんが、これから育ってくるもの、目に見えるようになってくるもので、私たちシュタイナー学校の教師は、決して先回りはしませんが、いつもそこを見る意識も持ち続けようとします。

授業中にじっとしていられない、人と目を合わせて話ができないなど、少し気になる子がいるとき、または、シュタイナー学校の場合、学園での学びを修了する節目のときなどに、私たち教師は集まって、一人一人の生徒について、この3つのことを時間をかけて話し合い、その子がどんな状態にあるのか、これまでどんな成長の過程を経てきたのか、そして今その子に必要なものは何なのかを考え合う時間を設《もう》けています。

私たちは何か問題があると、すぐに「家庭に問題があるのではないか」などと、原因探しをしてしまいがちですけれども、そうではなく「何ができるか」という具体的な方法を見出すことを大切にします。

「この子はクラスの行事に積極的に参加した」といった表面的な描写では終わらないので、教師自身の判断基準、本当にその子を見ているか、など、教師の「目」もとても試されますが、研究者が対象物を見るようにではなく、芸術家が一つの対象を見るように、あるいは庭師が植物を見るように、愛情と関心を持って見ること、これが私たちの教育の原点だと思います。

4つの気質

私たちが子どもを見るとき、参考にする視点として「4つの気質」があります。

シュタイナー教育では、人間には4つの気質があると考え、それを「胆汁質《たんじゅう》（火の要素）」「憂鬱質《ゆううつ》（地の要素）」「粘液質《ねんえき》（水の要素）」「多血質《たけつ》（風の要素）」と分けてそれぞれの気質にあった教育の重要性を説いています。

たとえば「火」の要素を多く持っている子は、自我が強くて権力的であるけれど、いい指導者にもなるタイプなので、難しい課題を与えたほうがいい。「地」の要素を多く持つ子は、内気で引っ込み思案、詩人や思想家のような気質で、昔のことを引きずるタイプなので、他の子の面倒を見させたほうがいい。「水」の要素を多く持つ子はゆったり構えて、叱られても落ち込まないタイプ。「風」の要素が多い子は、軽やかで、すぐに新しいものに飛びつく傾向があるけれど、大好きな先生ができると移り気が直ることがある、など、その子の気質を見て、それにあった教育法、またはそこに足りていないものを補うような具体的な方法を見出します。

すべての子どもがこの4つのどれかにぴったり当てはまるわけではありませんし、一人の子でもいろいろな気質を併せ持っていたり、同じ気質でも子どもによって表れ方が違ったり、年齢によって変化したりもしますが、この気質の捉え方を持っていると、過度に道徳的な良し悪しを持ち出したり、優劣をつけることをせずに、子どもについての客観的な判断ができるように思います。

自然界に土も水も風も火もあるように、人にもそれらの要素があって、水が多すぎればジメジメするし、火にはものを燃やす性質があるけれど、過剰になると爆発を起こすなど善悪でない、自然現象の一部のように捉《とら》えられるのです。

4つの気質に基づいて子どもや人に向かうと、教師としてもいい意味でおおらかになれますし、親にとっても「どうしてこの子はいつもこうなの」とイライラするかわりに、「この子はこういう気質だから…」と余裕を持つための助けになると思います。

呼気と吸気のバランスをとる

シュタイナー教育では、毎日の生活の中に、音楽、絵画、造形、※オイリュトミー※などを取り入れ、頭だけでなく、手足や体、呼吸など全部にはたらきかけることがバランスのとれた教育だと考えます。

頭を使う勉強でも、心が動いていなければ、吸い込むばかりで受動的になります。手足や体を使うということは、自分の中から外に「出す」こと、はたらきかけることです。呼吸の呼気と吸気でいえば、呼気の要素です。

今の子どもたちは、発表やプレゼンテーションなどで「外に出す」場が少ないかもしれません。

授業でじっと座って聞いていることが多く、吸気の要素ばかりで「出す」という呼気の要素が足りていないのではないでしょうか。

私たちの学校が、座って聞くだけではない、さまざまな活動を日々の授業に組み込んでいる大きな理由の一つは、「取り入れること」と「外に出すこ

造形
シュタイナー教育の造形では、粘土・木・金属などの素材を使い、技術重視ではなく、「形づくる」ことの本質的な体験をすることを目的とする。

と」のバランス、そしてその間をつなぐ心の成長を大切に考えているからです。

「つながり」あっての個性

子どもの個性というのは、いろいろ芽生えては少しまた見えなくなったりと、いろいろな時期がありますから、親や教師が「この子は天才だ」と思っても、小学生のうちはあまりむきになってスパルタ式にやる必要はないと思います。

子どもは自分の好きなこと、得意なこと、特性などに自分で気づいていきますし、そこから自分に何ができるのか、それを使ってどんな新しいつながりを作り出していくかを自ら見出し、作り出していくものです。

シュタイナー学校の高学年（高校段階）での学びの特色は、様々な教科間のつながりを発見していくことです。小さい頃にやった遊びが、理科のこんなところとつながっていたんだな、とか、物理と歴史と数学はこんなふうにつながっているんだなと、ものごとの有機的な関連を発見できるような授業

オイリュトミー
音楽や言葉をはじめ、自然要素、色彩、数学的なイマジネーションなどを身体と心で捉え直し、動きに変換し、型と運動によって、空間の中で表す芸術。

を行います。そうすると、自分のすごく得意なことを見つけたときにも、一つの教科ばかりにのめり込むのではなく、それがほかの教科とどのようにつながっているのかを学びながら、理解を深めることができるのです。

私は若い頃、一つのことに入り込むと集中的に打ち込んでしまうタイプでした。そうしてのめり込むことで得られるものもある、でも同時にどんどん穴の中に入ってしまって、息苦しい、生きることが難しくなった時期がありました。

若いときにはそんなふうになる時期があるのかもしれないと思う一方、最近の一部の若い人たちを見ていると、自分が社会や人から切り離されているという思い、孤独感が強いように感じます。人は他人のために何かできると感じられてこそ、孤独でもなくなりますし、自分の夢や、やりたいことへのイメージを豊かに描くことができるようになるのではないかと思うのです。

子どもの可能性を信じること

親が子どもの将来について思い描ける範囲は、自分が生きてきた範囲内から推測して考えるのですから、それほど広くはありません。大切なのは子どもも自身を見ることで、子どもが何かをしたいと言ったとき、それまでの親の価値観に当てはめようとするよりも、それがその子の今までの育ちから見て自然で、納得のいくものか？　という視点で考えてみることです。

私は22～23歳のときにオイリュトミーに出会い、当時「オイリュトミストになる」などという選択肢が日本にはないに等しい頃に、親に「実は…」と自分の将来の希望について話をしました。

父は、オイリュトミーとは何かをじっと聞いてくれ、「じゃあやってみろ。その代わり、やり遂げろ」と言いました。親の理解があったおかげで今の私があり、ぜいたくはしなくとも、生活はできています。人間、その気になったら絶対に道を切り拓《ひら》いていくものです。

父がしたように、親の価値観に当てはまらない、その中にないものであっても、子どもの話をきちんと聞いて納得がいくものであれば、子どもを信じて、まずはやらせてみることです。

その点では、ある意味での親馬鹿、「うちの子ならできる」と信じる親を持つ子どもは幸せです。子どもの可能性を伸ばす、というのは根本のところで子どもを信頼してあげることなのですね。

これは同僚から聞いたドイツのシュタイナー学校の生徒の話ですが、皆から「あの子はどうなるのだろう。大丈夫だろうか」と心配される子がいたそうです。高学年になっても勉強はまったくせず、生活はだらだら、夜はテレビをみてグターッとしています。でも、両親は「あの子はいつかきっとよくなる」と何も言わずに見守っていました。

親御さんは、18歳まで育ったその子の兄を事故で失う、という深い悲しみを経ており、「生きているだけでいい」という気持ちだったのでしょうか。

弟は何とか大学に入り2年間はもとのまま、でも3年目に突然目覚めてまったく変わってしまいます。まるで別人のように学び始めて生活も整い、何の問題もなくなったそうです。

極端な例かも知れませんが、「きっとよくなる」と信じて待つ、待ち切るとは凄《すご》いことだなあ、と胸を打たれたことでした。

シュタイナー学校卒業生たちの歩み

シュタイナー学校と普通の学校の学び方の違い

シュタイナーの幼稚園や学校に行くと「普通の学校に入ったとき、やっていけないのでは?」と心配される方がいるようです。

身近な例ですが、私の息子は幼稚園は手づくりのシュタイナー幼稚園、そして12歳まで、ずっと東京シュタイナーシューレ(現・シュタイナー学園の前身)にいて、中学からは地元の公立中学校に行きました。これは息子本人の意思というよりは、親の判断で決めたことでした。

公立の中学校に入っても、勉強についてはそれほど違和感がなかったようでしたが、歴史の授業には驚いていました。シュタイナー学校では、大航海※

大航海時代
15世紀から17世紀前半にかけて、ポルトガル・スペインなどのヨーロッパ諸国が、航海・探検によりインド・アジア大陸・アメリカ大陸へ海外進出を行った時代。

時代やルネッサンス※を学ぶとき、実際にその時代の絵を描いて遠近法を実感したり、お話を聞いたり、劇をやったり、一つの時代の中に入り込んで、多面的に学びます。ですから、中学1年生の間に古代史から近代史まではとてもやりきれません。それが、公立の中学では、「3回の授業でローマ※時代まで行っちゃったよー」と、息子はとても驚いていました。でも、それはそれとして受けとめたようでした。

友だちづき合いには気を遣《つか》っていたようですが、それでも3年生のときのクラスメイトとはとても仲がよくなりました。今、息子は高校生で、シューレよりも公立の中学のほうを懐《なつ》かしいと言っているほどです。シューレはふるさと、公立中学は自分の開拓地なのでしょうね。

ですから、シュタイナーの教育を受けたからといって、いわゆる普通の学校でやっていけない、ということはありません。むしろ、シュタイナー教育では人と協力しながら何かをつくり上げることをとても重要視しますから、人と接することを好む、コミュニケーションを大切にする傾向があるかもしれません。

ルネッサンス
14〜16世紀、イタリアから西ヨーロッパに拡大した人間性解放をめざす歴史的・文化的革新運動。

卒業生たちの歩み

シュタイナー学校を卒業した子どもたちが、どのような職業につき、どのような人生を歩んでいるかについてもよく聞かれます。

シュタイナー学園（東京シュタイナーシューレ）を卒業した子どもたちは、他の中学や高校に転出してからも音楽をやりたいとオーケストラやバンドに入ったり、機械が好きな子はそういうクラブに入ったり、みな、マイペースでやっています。

今までは卒業生のうち、大学に行く子と行かない子がちょうど半々くらいでしたが、最近は大学進学も増えているようです。初期の頃の卒業生は、バレエや俳優、デザインなど、芸術系が多かったですが、今は様々な分野に進学しているようですね。

きちんと調査をしていませんが、シュタイナーの学校を出たから成績がいい、悪いということはなく、成績がいい子もいればそうでない子もいます。

一ついえるのは、自分の性質や個性をわきまえている、という特徴はあるかもしれません。あとは、上手、下手は別として、芸術的なものに馴染《なじ》みが

ローマ時代
紀元前27年（帝政の開始）から1453年（東ローマ帝国滅亡）まで、地中海世界一帯をローマ帝国が支配した時代。

あるということもいえるでしょう。

ただ、シュタイナー学校を卒業した、しないを問題にする前に、年々実感するのは、小さい頃、幼児期の教育環境が大きな意味を持つことです。

幼児期に自分が親からあるいは何かから守られていた、大事に育まれていた、という感覚が言葉にならないようなものでも実感としてあると、何があってもそれが自分を最終的に支えてくれるものです。

シュタイナー教育に限らず、その実感があれば、どんな学校に行っても、いろんな問題があっても、自分を失ってしまう、ということはない、そう信じたいですね。

これからの教育に必要なことは、地球は一つの「世界性」

答えは一つだけではない

日本全体を見ると、私立の小中学校は東京とその近辺に集中しています。私立と公立の価値観が、東京と地方では全然違って、日本全体では小中学校の私立人口はこんなに少ないのかと驚いたことがあります。

一極集中してしまってそれ以外に答えがない、それが一つの問題です。端的に言えば、東大を頂点として、大学を序列にランク付けするかのような考え方ではなく、それが自分に合うなら東大を目指せばいいですし、ほかの道に行きたい人は、その道ですぐれた大学に行けばいい。

大学ももっと個性や独自性を探求して、多様な選択肢が存在するようになるといいと思います。

人生の答えはいくつもあるのです。こっちの入り口がだめなら、違うところから入る。一つのやり方で開かなかったら開き方を変えてみる。そこに自由な発想が生まれます。今の日本でそういう選択肢が非常に限られていることは子どもたちにとって不幸なことです。

ゆっくりした育て方をしても、高校生くらいの年齢になれば学びの姿勢はできてきますし、たとえば英語を話したい、もっと学びたい、と思う気持ちも芽生えてきます。その時点から勉強を本気で始めるのでも決して遅くないですし、その方がかえって学ぶ意欲も強いので、成長が早いのではないでしょうか。

受験は大変だといっても、長い人生の中では短期的なものです。いくつもある敷居《しきい》の一つ、という受けとめ方ができていればいいのですが、この敷居しかない、これを通らなければもうダメなんだ、というのは大変なプレッシャーです。本当に大切なのはその敷居を越えてからどうするかということです。

これからの時代に求められる感性

そして忘れてはいけないのは、私たちは、私たちが生きてきた時代よりももっとたくさんの、複雑な課題を持つ時代に子どもを送り出そうとしている、ということです。これからの時代を生きていく人に必要な要素は、国際性などいろいろなことが言われていますが、国際性というより「世界性」――地球を一つの全体と感じ、視野に入れられる心です。

環境問題一つとっても、私たちはとても大きな問題を子どもたちに引き継《つ》ごうとしています。自分のしたことが全世界に与える影響を認識できる、私たちの世代以上に、地球全体をつながったものとして捉えられる、有機的思考と感性を育んでいく必要があります。

子育てに手遅れはない
今できる最善があなたの最上

自分の価値観を信じて

大切なことは、親がどのように考え、どのように生きるかです。

子どもは、親や先生がたとえどんなに未熟であろうと、大人を信頼したいと思っていますから、その大人がどんな価値観を持って生きているのか、それを見せることです。

親としても、自分の価値観を持たずに、周りの人や世間の目など自分の外にある価値観に振り回されていたら、それに合わせるのが苦しくなります。自分に合った基準であれば、苦しくないはずですし、苦しいことがあってもそれを乗り越える道を見つけられます。

学校を選ぶときも、大切なわが子が安心して育って欲しい、いい人と出会って欲しい、その子を取り囲んでいる環境がその子にあったものであって欲しい、など、親自身が学校に求めることを明確にし、学校のブランドよりも、教育理念、雰囲気、先生方がどんな方向性を持っているのか、ということをしっかりと見るべきでしょう。

公立、私立と一言で言っても学校によって雰囲気が全然違いますから、きちんと中身を見て、親が、ご自分の価値観を信じて判断をすることが根本だと思います。

あまり先のことまで悩まず、今できるベストを

最近のお母さん方は、とても真面目で自分を追いつめてしまうような方が多いようですが、子育ては一つ間違えたからといって、完璧《かんぺき》にアウト、ということはありません。「幼児期にこんなことをしてしまったけど、もう間に合わないでしょうか」というお母さんもよくいますが、「何をしたか」より「これから何をするか」なのです。

シュタイナーも、「今の自分の状況下で、何ができるかを想像力をはたらかせて考えて下さい。今置かれている状況を認めて、その中で最善と思われることをする。それが、あなたができる最上のこと」と言っています。私はこの言葉を読んでとても楽になりましたし、何か決めるときの支えにもなっています。

教育は、究極の楽観性がないとできません。育つという信頼があるから教育を行うのです。心配しなくていい、と言っても、みなさんたくさん心配されますが、究極には「何があってもこの子は大丈夫」という、何か大きなものに預ける気持ちを、心の底に持っていたいものです。

お母さんも一人の人間として自分らしく生きる

シュタイナー教育で私たちが言っていることは、シュタイナー教育ではなくても当てはまることです。子どもが小さいうちは家族のつながりを大切にし、きちんと挨拶をする。お父さんにもおはようとおやすみなさいが言えたら一番よいですが、お父さんの帰りが夜遅かったりしておやすみが言えなかったら、「お父さんの分もおやすみなさい」とお母さんが想像力を働かせて、子どもに言ってあげて下さい。

食事も、できるだけ家族一緒にとる。お父さんが遅い場合も、子どもとお母さんが一緒にとる時間を大切にしましょう。お母さんが大変なのはよくわかりますが、共働きなどで、いつも一緒にいれない場合でも、一日の終わりのどこか、この時間は一緒に過ごそうと決めて、毎日子どもと過ごす時間をそのためにとってあげることを優先できたらと思います。

一方、海外のシュタイナー教育関係者がよく言うのは、母親というのも一つの職業だから休日も必要だ、ということです。

子どもが小さいときは、親は自分のことを第一にはできません。でも親も個性を持った一人の人間です。子どもに力を注ぐことは当然ですが、自分は何を大事に生きているのか、どんなことが好きなのか、何がいいと思っているのかを忘れず、親が自分らしくあること、また自分らしくいられる場をなくすことはできません。

私たちのシュタイナー学園をつくる過程でも、子どもの親たちは様々な才能や個性を持ちより、運営が上手な人、編集が上手な人、料理や手芸が上手な人など、みなそれぞれに持ち味を発揮し、協力しあっていました。そうすると親自身がとてもいきいきしてきます。そういう姿は、子どももいきいきさせます。

もちろん学校づくりだけである必要はありませんが、親自身が、自分のしていることが社会や他の人に還元されていくような何らかの場を持つ、つくる、ということは、子どもの個性や可能性を考えるうえでも、よい作用をするでしょう。

最後に、自戒を込めて言うのですが、私はある人から「親は、子どもが大きくなっても最後に相談しに来れるところであって下さい」と言われたことがあります。

親とは、感情的にもなりやすいし、一生懸命な愛すべき存在。親になったからこそ体験できる様々な課題を受けとめて、自分の人生を共に耕していきましょう。

まとめ

●幸せとは、自分と、自分をとりまく環境と仲良くなっていくこと。子どもが小さいときは自分の体、そこから家庭、学校、地域、社会と、その子の年齢にあわせてその子らしいつながりを持てることが大切。

●子育てには、子どもをありのまま受け入れる「母性」と、成長するにつれて子どもを手放していく「父性」の要素がある。子どもが育つとは、自分の覆《おお》いから少しずつ子どもを手放していくこと。

●お母さんも一つの職業。子どもが小さいうちは、子どもを最優先にしながらも、一人の人間として、自分の個性も大切に、自分らしくありたい。お母さんも学び続け、いきいきしている姿を見ることは子どもにとってもよい影響。

●「今の自分の状況下で、何ができるかを想像力をはたらかせて考える。今置かれている状況を認めて、その中で最善と思われることをする。それが、あなたができる最上のこと」(シュタイナーの言葉)

自己肯定感を育て親の期待を押しつけない

青山学院大学教授・小児精神科医
古荘純一

古荘純一

ふるしょう じゅんいち

1984年昭和大学医学部卒業、1988年同大学院卒業、90年医学博士取得、97年同小児科講師。2002年青山学院大学教育学科助教授を経て07年現職。03年小児科学会小児医学研究振興財団・日本イーライ・リリーフェローシップ受賞。日本小児神経学会評議員、日本児童青年精神医学会評議員などを歴任。大学卒業後、現在まで小児神経・精神分野の専門医療に携わりながら、臨床医学の研究も続けている。臨床教育学系の講義・ゼミを担当する一方で、教育・保育職など子どもに関わる職種の人に子どもの精神面の問題や行動について提言・啓蒙を行っている。

著書に『新　小児精神神経学』（小児医事出版社）。『軽度発達障害と思春期』（明石書店）、『不安に潰される子どもたち』（祥伝社新書）、『アスペルガー障害とライフステージ』（診断と治療社、近刊）、『日本の子どもはなぜ自信がないのか』（仮題、光文社新書発刊予定）など。

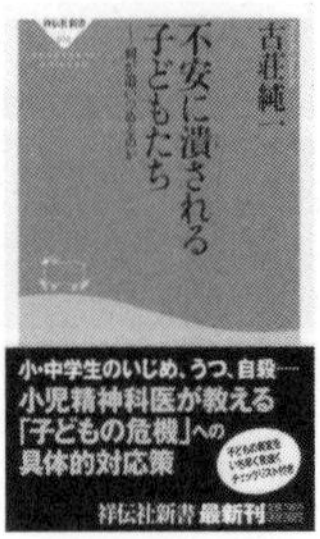

「不安に潰《つぶ》される子どもたち」　祥伝社
760円＋税

「軽度発達障害と思春期」　明石書店　2000円＋税

個性や可能性が伸びる基本は「自己肯定感」

手に入らないのは「希望」だけ？

子どもにとって幸せな将来の一つの考え方は、生涯にわたって満足できる生活を続けていくことができる、ということだと思います。

私たちは、子どもたちの生活の満足度について、小中学生本人を対象に、アンケート形式の調査を行いました。子どもたちの生活に関わる、身体健康度・情緒の問題・自己肯定感・家族・友だち・学校生活（勉強）、の6つの領域について自分自身でどう思うかを5段階で評価したものです。その結果、子どもたちは現在の自分の生活に満足していないという結果が出ました。学年が上がるごとに満足度は低くなります。この子たちがこのまま大人になっていくことは、非常に心配なことだと思っています。

　作家の村上龍さんが『希望の国のエクソダス』という小説を書かれましたが、その中に登場する中学生の言葉に、「日本では欲しいものは何でも手に入る。手に入らないものは希望だけだ」というものがありました。これは、最近の日本の子どもたちの心情を非常に端的に表していると思います。目に見える物質的なものは巷《ちまた》にあふれ、手に入るけれど、自分の将来の目標や夢が描けない、選択しづらい、あるいは周りから制限をつけられてしまう。

　物質的な充足度とは裏腹に、自己肯定感※・学校・友だちなどの問題を抱える子どもたち、そしてそれに気づいていない、あるいは成す術《すべ》がない大人社会。物が豊かであれば幸せである、という高度成長時代を支えてきた時代の大人たちの理論はまったく通用しないということです。

　高度成長時代は、貧しくて現在の生活に満足していなくても、働けばきっと豊かな満足できる生活が得られるという目標を設定していました。しかし、今の子どもたちは、現在の生活に満足していないばかりでなく、将来に不安をいだいており、どうすればよいか結論を見いだせないのが現状です。小さなことでもよいから、希望や目標をもつことが大切です。

自己肯定感（セルフエスティーム）
自分をあるがままの自分でよい、自分の欠点も含めて、自分を肯定し、認める感覚。自己肯定感があると、自分の考えや行動に対しても自信や確信を持ちやすい。

私が考える子どもにとっての幸せとは、子どものときも、大人になってからも、生涯にわたってその時々ならではの生きがいや希望、楽しみを持てることだと思います。

「自己肯定感」を持つには母親の影響が大きい

子どもの個性や可能性が伸びていくためには、その子自身が、自分は算数が得意だ、スポーツが得意だ、絵を描くのが好きだなど、何か自分の中で好きなことや、人より秀《ひい》でたところを自覚し、それを軸《じく》に自分ならではの価値や役割を見出し、自信を積み重ねていくプロセスが大事な要素です。この中で子どもは自分の自我やアイデンティティを確立していきます。

ところがこのプロセスで、「自分はダメな人間だ」「自分には何の価値もない」と感じて自分の存在価値を低く評価してしまうと、何に対しても自信が持てなくなります。それどころか、小さなことでも挫折しやすくなり、「もうどうなってもいい」と自暴自棄《じぼうじき》になると犯罪や自殺などへと走る危険が出てきます。

自己肯定感にはいろいろな考え方がありますが、外見・性格・特技・長所短所・持っている病気やハンディキャップなどすべての要素を包括した意味での「自分」を受け入れるということです。ハンディキャップがあっても、肯定的に考えることが出来れば、自己肯定感は高くなります。ベストセラー『五体不満足』の著者である乙武洋匡《おとたけひろただ》さんの活躍はその典型だと思います。

子どもが自己肯定感を持つためには、生まれつきの性格もありますが、親の影響、とりわけ母親の影響が大きいのです。子どもたちはお母さんが自分をどう見ているかで、自分自身の価値を推《お》し量《はか》っているからです。お母さんや周囲の大人が、子どもたちに否定的なメッセージを持っていれば、自分を受け入れることができず自己肯定感は低くなります。

ただ私が気になるのは、今子育てをしているお母さんたち自身が自分に肯定感を持てず、それを子どもに投影してしまうために、子どもが不幸になっているのではないかという問題です。

親が不安を感じれば、当然子どもも不安を感じます。子どもたちは、結局のところ、家庭でも地域でも学校でも弱い立場ですから、大人の不安はそのまま子どもたちの不安になってしまいます。

まずはお母さんが自己を肯定する

自己肯定感は、その時々の状況によって変化します。失敗したときや対人関係につまずくと誰でも多少、自己肯定感は低くなりますが、問題はそれが回復するかどうかです。ただし自己肯定感が高ければよいということでもありません。どんなときも高いということは、自己中心で他人の気持ちがわからないことにもなりますが、それはむしろ例外的で、私は、概して日本の母親は自己肯定感が低いように思います。

まず母親の自己肯定感を高めることが重要です。自己肯定感が強いということは、逆境に強いということになります。子育ては、楽しいことばかりではありません。ときには、孤独感や自己犠牲を伴うものです。このとき自己肯定感が低いと、子育てが困難になってしまいます。

ここで父親の問題がでてきますが、お父さんがお母さんを肯定的に見てあげることで、お母さんの気持ちはずいぶん変わると思います。同時に、お母さんがお父さんを肯定的に見てあげることも大切です。お母さんがお父さんに対して否定的な見方をすると、子どももお父さんを否定的に見てしまいます。夫婦喧嘩《げんか》などで怒鳴《どな》りあうことは、子どもに大きな不安を与えることになります。

お父さんがお母さんを肯定的に見てあげるためには、お父さんも社会で肯定的に見られなければいけない。すると社会全体の問題にもつながってきますが、このような大人の社会自体が抱える不安を、大人たちがどう解消していくか、子どもたちの視点からも、考えてゆくべきときだと思っています。

また、日本独自の文化として「自分は何でもできる」などと自信を持つことに対して、「謙遜《けんそん》し他人を敬う」「出る杭《くい》は打たれる」という言葉に表されるように否定的な側面があります。アメリカなど諸外国では、子どもに対し、善悪にはとても厳しくても、褒《ほ》めるときは「どうしてこんな簡単なことを褒めるのか」と思うぐらいに褒める。メリハリがはっきりしています。日本人の場合はそのあたりの基準がはっきりしていなくて、何がよいことで何がよくないことなのか、子どもたちも混乱しているのではないでしょうか。

親の接し方一つで子どもの自己肯定感は決まりますから、足りないところばかりを見るのではなく、わが子のよいところを見つけて褒《ほ》めてあげることが大切です。

お父さん、お母さんの役割

子どもたちはやはり、何があっても最終的にはお母さん、という傾向があります。例えばお父さんが家計を支えるために仕事をし、お母さんが専業主婦であった場合、お父さんが、家の中のことや育児をお母さんとまったく同じようにしろといっても、それは無理だと思います。でも、家庭の中でのお父さんの仕事として私が二つ挙《あ》げていることがあります。

一つは、お母さんをサポートすること。お母さんは、「母親業」と「妻業」という二つの仕事を持っています。父親として、母親業はうまくできなくても、妻業に関してはサポートしてあげる。お母さんがSOSサインを出しているときはリラックスできるようにするとか、心配事に耳を傾ける。「お母さん」というより、大切なパートナーとして支えてあげて下さい、ということです。それが結果的には母親をサポートし、子どもをサポートすることになります。

もう一つは、子どもが逆境に立たされたときです。子どもが自信をなくしたりつまづいたりする逆境のときには、父親の言葉や態度が力を持ちます。たとえば学校でいじめられたときに、学校に何とか対応して欲しいというメッセージを、お母さんが訴えるよりもお父さんが訴えたほうが、学校に対してもそうですが、子どもに対するメッセージ性が強い場合が多いのです。普段あまり構ってくれていないようだけど、そうではなかったんだ、本気で何とかしようと思ってくれてるんだ、と子どもは感じます。

ご飯のときは静かにしなさい、とか、少し成績が良かったらよくできたね、など、夫婦で同じように褒《ほ》める必要はありませんが、子どもが困難な状況に置かれたときは、お父さんの言葉や態度で子どもをサポートしてあげて下さい。

自我が目覚める3～4年生

一般的に、小学校の3～4年生くらいまでは子どもは親の言うことに素直に従いますが、ちょうどこの頃を境に、自我や個性が目覚めてきます。この子はこういう性質がある、こういうことに向いている、という傾向が親の目からも見えやすくなりますし、子ども自身も自覚しはじめます。逆にいえば、自分の限界を知る時期でもあります。

この年齢は、幼児教育と思春期の中間にあたり、学校教育や家庭教育であまり重要視されていませんでしたが、手がかからなくなってくる一方、心の中は常に不安定で、親に対しても自分に対してもストレスを抱えながら過ごす子どもが多いのです。

親としては、この時期までの対応と、それ以降の対応については、子どもの変化を見ながら少し慎重になって、否定的なメッセージを押しつけないように気をつけてください。

別の言い方をすると、小学校3年生ぐらいまでに「どうせ親に相談しても……」という思いを持たれてしまうと、その後に信頼関係を築くのは大変です。

やはり小さい年齢にさかのぼって、そこから子どもにしっかり取り組んでいくことが必要です。小学校3年生とか4年生というのは、暴れることもないし落ち着いてくるので一番いい時期ですが、実はその時期に感情が固定しますし、大人との信頼を作ることを考えると最後のチャンスだと思います。

男の子、女の子の差異について

一概には言えませんが、女の子のほうが、社会性や将来のことに気づく時期が、男の子よりも少し早い傾向があります。

小学校4年生ぐらいだと、男の子はまだ子どもですが、女の子は地域社会をそのまま学校に再現してしまうようなこともあります。

外見的には女の子のほうがよく話しをするし、社交性があるのですが、内面は男の子よりも悲観的ではないかと思います。

これは、女性のほうが我慢しろといわれている環境的な要因、大人のうつ病も女性のほうが多いという傾向、そして生理が始まる前ですが、ホルモンのバランスもあるのかもしれません。

とはいうものの、衝動的な行動を起こさない、また、プライドを保って最後まで踏ん張りがきくのは女の子のほうです。男の子は、無頓着のようでいて、崩れるともろい。あくまでも一般論としてですが、これはしつけとか環境の違いではなくて、そのような全体傾向があることは知っておいていいかもしれません。

社会的な背景ですが、1983年の7月に家庭用テレビゲーム機というものが初めて世の中に出てきました。ちょっと失礼な言い方かもしれませんが、それを契機に男の子の低落が始まりました。

それ以前は、試験をやると概《おおむ》ね男の子の方が成績がよかったのですが、ファミコン※が普及すると、男の子はいつまでもそのゲームから抜け出せなくなり、成績も女の子が上位を占めるようになったのです。

この事実は、学校の勉強の能力に男女の差はないということを示していま す。

つまり試験の成績に影響を与えるのは、男女差ではなく環境因子の方が大きいということです。以前は、女の子は勉強一途《いちず》ではなく女の子らしくというしつけが、そして最近はゲームにはまる男の子、といった社会的な影響が成績の差になって現れているのです。

ファミコン
1983年に任天堂より発売された家庭用ゲーム機。（ファミリー・コンピューターの略）出荷台数は日本国内で約1935万台、日本国外約4356万台、合計6291万台といわれ、その後のテレビゲームブームの火付け役となった。

子どもの幸せ感を奪うテレビ、ゲーム、携帯電話

今の子どもの精神年齢は昔の子どもの7掛け

最近の子どもたちはコミュニケーション力が弱い、とよく言われますが、私もそれを感じています。私は臨床の経験から、今の子どもたちの精神年齢は、「昔の子どもの7掛け」と考えています。特に思春期から青年期への移行がスムーズでなく、いつまでも思春期が続くような子どもたちが多いように思います。この原因の一つには、子どもの遊びの質の変化があると思います。ゲームの圧倒的な普及とあわせ、公園や空き地が開発により減ったことで、子どもたちが昔のように外で遊ばなくなりました。ゲームは室内で一人でもできますから、友達と話しをしたり、ときにはケンカをして、学んだり

反省したり…という、友達と外で遊んでいれば得られたような大切な人間形成の過程を体験しないで育っていく子どもが増えているということです。

当然、身体と体力のバランスも崩れてきています。平成16年度の「学校保健統計調査」によると、1954年から2004年の50年間で、男子の平均身長が9・7センチメートル、女子が8・4センチメートル、平均体重はそれぞれ13・3キログラム、8・1キログラムずつ増えています。しかし、文部科学省の「体力・運動能力調査」によると、子どもの体力や運動能力は1985年頃から低下が続くといった傾向がみられます。

子どもの健全な成長には、身体と精神のバランスが不可欠です。昔の子どものように、身体を動かし、実体験をともなう遊びがないと、発達がアンバランスになりますから、親が少し意識的に、実体験や遊びの機会に触れさせるようにすることも大切だと思います。

電子メディアの弊害

人間らしい判断力や意志決定能力の中枢である前頭葉※の機能は、幼児期よ

前頭葉（ぜんとうよう）
大脳の中心溝から前方の部分。運動の神経中枢と運動性言語中枢があり、前端部は思考、判断、感情、性格、理性など高等な精神作用が営まれる場所と考えられている。テレビゲームなどをしていると、この働きが低下するといわれる。

り急速に発達し小学生の頃に概《おおむ》ね完成します。私は小児科医として、小学生という時期に携帯電話やテレビ、ゲームなどのメディアが一方的に入ってくることは、この点からも危機感をもっています。アメリカ小児科学会では、「2歳まではメディアフリー（テレビやビデオを見せない）の環境で育てましょう」という提言を出しましたが、3歳以降も一人でテレビやビデオを見させせない、親子で一緒に見る、子どもの反応や親の感想などテレビについて会話を持つ、などの生活習慣を奨《すす》めています。

今の時代、テレビをまったく見せないと、子どもが友達の話についていけなくなったりもしますので、見る場合はそのような条件のもとで見せて下さい、と言っています。

もう一つは携帯電話です。最近は安全対策のためもあるのか、小学生に携帯電話を持たせる親もいますが、町の中で携帯電話で話したり、画面に集中して歩いていると、大人でも周りの人や自転車、車に無頓着《むとんちゃく》になります。多くの人の中にいるけれど、自分だけはその空間を共有していなくて、別の世界にいるのです。運転中に携帯電話にでてはいけないのは、通話するために片手がふさがるから危ないのではなく、頭の思考回路、現場認識が携帯電話に集中してしまうからです。発達途上の、いちばん社会性が必要な子どもたちに携帯電話を持たせれば、当然、発達機能に影響が出るでしょう。

携帯電話を子どもに持たせる必要はない、ということを、親としてもっと言っていいのではないかと思っています。みんなが持っているからという理由で子どもたちに携帯電話を与えるのもよくありません。親がしっかりとその必要性およびマナーを教えてから与えるべきだと思います。しかし、街中で見るとその親たちのマナーがよくないですね。

少し前の調査でも、学校のテストの成績と携帯電話を持っているかどうかの関係を調べた調査がありましたが、携帯電話を持たない子どものほうが成績がよかった、という結果がありました。親が子どもの家庭教育にしっかりした認識を持っていたから携帯電話を持たせていない、という考え方もできますが、それでも成績という一つの見方においては差が出た、ということですね。

小さい頃からテレビ、ゲーム、携帯電話に接し続けることは、子どもの脳と心の発育に意図しないながら影響を及ぼし、結果的に子どもの幸せ感を奪ってしまうのではないでしょうか。

おとなしい「普通の子」があぶない？

親の世代に問題が…

ここ数年の間に、子どもや青少年による凶悪犯罪が続発しています。2006年、奈良県で有名高校に通う少年が自宅に放火した事件がありましたが、この少年は周りからは「聡明《そうめい》で頭のいい、普通の少年」と見られていました。ここでまず断っておきますが、統計上は少年犯罪は増えていません。また諸外国に比べると我が国の少年犯罪はまだまだ少ないと言えます。しかし最近、このように「おとなしい普通の子」がキレて、事件を起こすことが目立ちます。思春期までさほど問題を感じることのなかった子どもがいきなり事件を起こす。これは家庭裁判所の調査でも近年の特徴として指摘されています。

子ども側の問題としては発達障害※が取り上げられていますが、発達障害そのものというよりは、周囲がそれに気づくことができず、適切に支援できなかったことが問題でしょう。

もう一つ、家族側の背景として、私は今子育てをしている親の世代に注目しています。

今の親は1970年代前半の第二次ベビーブームに生まれた団塊ジュニア世代です。ちょうど70年代から、日本は高度経済成長期を過ぎ安定期に入り、国民の平均所得も増え、80年代半ばからバブル経済に突入します。「いい大学に行き、いい企業に就職することが幸せな人生」という価値観が一般的になり、経済的に豊かになった親が子どもの塾にお金をかけ始めたことで、有名私立校への受験倍率が激化、「受験戦争」という言葉が聞かれるようになったのもこの頃です。

今の子どもの親たちは、そんな時代に思春期を過ごし、「いい学校に入っていい就職をするため」と親からお尻を叩かれ、頑張ってきた世代ですから、自分の子どもに対しても同じような態度で接し、「頑張り」を要求してしまう。「私だって頑張ってきたんだからこの子だって……」という思いがどこ

発達障害
生得的に生じた脳の何らかの機能的問題のため、子どもの時から発達の遅れや歪み・偏りが認められる障害。自閉症、LD、ADHD、アスペルガー症候群などが代表的。

かにあるのです。

それに加え、今は少子化でほとんどの子が一人っ子や二人兄弟姉妹ですから、子どもたちはこうした親の期待を全部背負っています。ときには親の両親まで加わり、6人分の期待を一人で背負っている場合もあります。

自我の強い子は反抗できますが、おとなしい子は、本当はやりたくないことや自分に合わないと思うことでも、親の喜ぶ顔を見たい、親の期待に沿いたい一心で親の意見や価値観を受け入れていきます。

これが続くと「自分は本当は違うのに」とか「どうせ親はわかってくれない」という思いが心の中に蓄積され、親の前や学校など、表面上は〝いい子〟の仮面をかぶっていても、心にいろいろな問題を溜《た》めてしまうことになります。

この心の内に溜まった感情が外に向かえば、キレたり、人を傷つけることにつながり、内に向かうと自分を責める、傷つける、自殺などにつながるのではないかと思います。冒頭の自己肯定感とも深く関わることです。

問題のない子、ストレスを抱えていない子は存在しないと考えて下さい。ストレスに早く気づくこと、ストレスをため込まないで、その時々で解消すること、相談機関を利用するなどして、親子だけで問題を解決しようと思わないことです。

親の期待を押し付けない

いつの時代も親は「子どもにはこうなってほしい」という理想を描き、子どもに要求してしまう気持ちも分からなくはないのですが、子どもはその子ならではのものを持って生まれてきます。ですから、まずその子の考え方や生き方に目線を合わせ、全面的に受け入れてあげて下さい。

日本の社会では親が少しのんびり構えたり、子どもの意見に耳を傾けたりすると、すぐに甘やかしている、媚《こ》びている、などと言う人がいますが、幼児期から小学生くらいまでは親として子どもを「守り支えている」というメッセージを送り続けてあげるべきです。

また、親が子どもの先回りをしていろいろなことを決めてしまうのではなく、できるだけ多くの選択肢を提示し、そこから子どもに選ばせることを大事にしていただきたい。もちろん、選択肢をたくさん出したにもかかわらず、その中から選べない、または自分でほかのものを持ってくることもあるでしょうが、それでいいのです。

まず子どもの主体性を尊重すること、子どもを認めてあげることです。大切なことは、親が子どもの悩みを解決してあげることではなく、子どもが自分で解決できる力をつけさせてあげることなのです。

また、子どもは環境の変化や意見の違いに敏感です。親が、家庭での子どもへの接し方と、学校や地域での子どもへの接し方を変えてしまうと、子どもは混乱しますし、親が自分のためではなく、親の都合で態度を変えていることを見透《すか》してしまいます。親の態度が一貫してぶれないことも大切だと思っています。

親自身の自己肯定感が大切だとお話ししましたが、もう一つは、子どもを肯定的に受け止めることです。子どもを否定的に受け止め続けると、子ども自身も自己肯定感を持たなくなってしまいます。

「こんな子どもに育てた覚えはない」「産んでくれと頼んだ覚えはない」のような売り言葉に買い言葉の親子げんかになってしまいます。

学校は人生の一期間
よい将来を必ずしも約束しない

日本の公教育はどこへ行く？

最近、公立の小中一貫校ができてとても人気があるようですが、実際に行った親御さんも私も、現場を見て、これは非常に問題が大きいと思いました。

子どもたちにとって学校生活は重要な部分ですが、長い人生の一期間にすぎません。目標も家庭環境も、多種多様です。9年間同じところで過ごすことは、うまくいった場合はいいですが、うまくいかなかった場合の代償が、あまりにも大きいのではないかと思います。地域も、親も、考え方もばらばらの子どもたちが9年間も一緒で、しかも上からの押しつけの教育をこなしていくのは、子どもにとっては大きなストレスになると思います。

日本の教育のいいところは、学校の先生が真面目で一生懸命だということですが、問題点としては、子どもたちが何を求めているか、どうしていけばよいのか、というメッセージが子どもの視点からまったく発せられていないことでしょう。

学校というのは、社会の中の子どもたちだけを同じところに全部まとめてしまう場所です。学校がなくても親から学んだり塾で勉強をする子も、家庭で虐待《ぎゃくたい》を受けたり、三食をきちんと食べさせてもらえなくて、勉強どころではない子どもも同じところに通うわけです。もちろん大部分の家庭の子どもたちは、その両極端には当てはまらないのですが、場合によっては主張の激しい一部の保護者の意見に振り回されることになります。

給食費納入などの義務には無頓着な反面、権利意識のみ強い保護者がいると、何かが悪かったら学校の責任と訴える。そうすると、あれもダメ、これもダメとなって、学校は実体験をともなう授業などもできなくなる。そしてただ画一的な内容で授業時間が増やされる、ということになると、子どもたちにとってももちろん、先生にとっても負担になります。

子どもたち自身が、自分の限界や疲れをはっきり自覚している時代です。

子どもたちと学校の先生が疲れていたら、学校は子どもたちにとって非常に居心地の悪い空間になってしまいます。

また、大部分の子どもたちにいい教育を施《ほどこ》すのか、ご飯を食べてこられないような子どもに居場所を提供するのか、エリートを伸ばすのか、そのメッセージもすべて中途半端です。

教育再生会議※も社会全体の傾向としてもそうですが、時代の流れに逆行するような情報が多すぎる気がします。「有識者」と呼ばれる社会や企業で成功した方たちが教育再生会議で自分のポリシーを話すことは参考にはなりますが、それをそのまま、現場を見ずして学校や子どもの社会にあてはめる答申は、いかがなものかと思います。

地域に開かれた学校へ

私は今、川崎市の教育委員会の教育相談センターの専門員をしています。そこでは、各学校で起きた問題や困ったことを、教育委員会だけで解決できない場合に、学外の専門委員としての意見を聞く体制ができています。とき

教育再生会議
教育改革を重要政策課題として掲げる安倍内閣により2006年10月、新しく設置された。閣僚含め20名で構成され、教育現場の経験者は２名のみ。学力向上、心の教育、規範意識、教育バウチャーなどの教育制度などが討議テーマに含まれる。

には児童精神科医や臨床心理士※など、学校関係者ではない人が、学校の現場を訪問し、学校の先生の意見や、現場の生の意見を聞いて助言をすることもありますが、現場からの要請が多くて困るほどです。

お風呂に入れてもらえていない、養育を受けていない子どもがいて、いじめられている。でも、学校の先生たちは家庭のことだから手をふれられなくて困っている。また、中学校などでは授業中に抜け出して繁華街へ行く子どもたちがいても、それを止めようとすれば授業を中断しなければならないから、先生がそれを止められない。

これらのことすべてが学校の先生の責任だ、とされてきましたが、外の目が入ることによって、これは学校だけの問題ではない、児童相談所や警察、保健所を入れる問題かもしれない。つまり学校は、子どもだけの特殊な空間ではなくて、子どもたちが生活し、人格を形成していく上での重要な場として、地域の中でもっと開かれていったほうがいいのではないか。学校側が地域の中の多職種と連携をしていく方向に向かいつつあるということでしょう。

先ほども述べましたが、三食きちんと食べられない、虐待の環境にある子どもたちも学校に通ってきます。学校はこのような子どもたちに気づく場所

臨床心理士
(財) 日本臨床心理士資格認定協会が認定する心の問題を扱う専門家の民間資格。心の専門家に関して国家資格が存在しない中、多数ある民間資格の中で最も知名度が高い。教育、医療、福祉、司法、労働などの現場でカウンセリングを行う。

でもあります。子どもたちのＳＯＳのサインを見逃さないで下さい。

教育は学校だけではない

今の日本では、教育＝学校、受験＝学校、というイメージが強いですね。でも、教育は学校だけのことでしょうか。仕事をして収入を得るのにも、人付き合いをするのにも、教育は常に関係があります。具体的にいえば、人の一生の中には、まず家庭教育があり、学校教育、そして社会教育があるのです。ところが今の日本では、学校にすべての問題があるという考え方です。確かに学校教育に問題はありますが、家庭教育と社会教育にはもっと問題があります。そこを重要視せずに何も手をつけず、学校ばかりいじろうとしても、それは真の意味でのよい教育にはつながっていかないと思います。

小学校の授業風景を参観すると授業が成り立っていないことがあります。歩き回る子ども、先生の指示に従えない子どもたち。これは学校教育だけの問題ではなく、家庭教育の問題です。学習や勉強のみならず、躾《しつけ》までも保育園や学校に任せてしまう、いわゆる「子育ての外注化」※の弊害《へいがい》と言えるでし

子育ての外注化
親が、躾・生活習慣の確立・家庭教育までも保育所や学校など人任せにする傾向が助長されている。少子化対策の一貫で厚労省が「待機児童ゼロ作戦」として保育所定員を大幅に増やし、保育所に預けられる子どもが低年齢化、長時間化したこととも関連する。

ょう。

学校教育が教育のすべてだと思ってしまったら、例えば「この受験で失敗したら後がない」という考え方になって当然です。また、大学に入れなかったら社会教育は受けられないとか、同じスタート地点に立てないんだという考え方も強すぎます。

オランダなどの教育が、あくまで本人の自主性を待つ、やる気が起きるのを待つ、というのと真逆ですね。教育＝学校という狭い視点や、受験の失敗を必要以上に大きくとりあげる、その考え方を根本的に変える必要があると思います。学校に行っていなくても、社会勉強をサポートしたり、社会人入学をもう少し充実させたり、一度社会に出て職業経験を積んだ人が新たに、改めて大学教育を受けたいというときの門戸をもっと広く持ちたいものです。

学校に多くを期待しないこと

今、私立受験をするか、公立に行くかの間で迷われているお母さん、お父さん方が多いようですが、学校にあまり多くを期待しすぎないことだと思います。学校というのは、子どもの居場所としてはとても重要ですが、高校や大学など、長い人生の中の3年か4年です。そこがすべてではない、という発想の転換が必要です。

受験に関して、最近は大学入試のセンター試験よりも、有名な私立中学校の受験問題のほうがずっと難しいのです。大人でも、こんなに難しいことをやっているのかと驚くようなことをやっています。でも、そこで子どもたちがレッテルを貼《は》られるような状況を大人が許容してしまうこと自体がよくないと思います。難しい問題が解けて受験に成功したからといって、将来にわたって人の上に立つ人間になるわけでも、よい将来を約束されたわけでもない。人間には、その後も努力が必要なのです。野球にたとえれば、初回にちょっとシングルヒットか何かを打ったようなものです。親も子どもも、そのくらいの見方をするようになればいいのではないかと思います。

学校に縛《しば》られることなく、場合によっては学校を変えればいいのです。転校のタイミングによっては1年遅れる場合もあり、親御さんは非常に焦《あせ》るし、子どもはもっと焦るのですが、それでも1年長生きすればいいじゃないかぐらいのことで、ストレスを抱えたまま在籍校に行くことにこだわり、病気になったり自殺したいと思うよりはずっといいと思います。学校の先生も親も、何年生のときにこの勉強ができなければダメ、何歳でこのことができなければ将来が大変だなど、1年単位で判断する傾向にあります。確かに勉強は1年前のことが分からなければその先は分からなくなることが多いのですが、1年や2年前のことが分からなくても、分からないところから勉強すれば何も問題はありません。

学校や大人が設定したのではなく、自分にあった目標を設定することが重要です。同級生の7掛けや8掛けであっても、成人するときに追いつけばよいのです。

子どもたちにはいろんな情報を開示して、学校を選ばせる。そのときにも、それがすべてということではなく、3年か4年間の、複数の選択の中の一つだという、ちょっと長い視野を親が持っているといいですね。

子どもに塾通いをさせる、あるいは子どもが自ら塾通いを希望することもあるでしょう。塾通いは良い悪いという判断ではなく、子どもたちの勉強スタイルの一つの方法と思って下さい。

子どもが塾での勉強を積極的にやるのであれば、単に学校との両立が大変だからという理由で塾をやめる必要はないのです。この場合は子どもの休息の時間を確保できるようにして下さい。

学校で十分勉強出来ているのであれば、塾に行く必要はないと思いますが、受験などで子ども自身が塾通いを希望するときは認めて下さい。多少学校の宿題や部活がおろそかになっても、今は塾で頑張っているからという気持ちで接して下さい。

学力低下、キレる子どもなど、最近の子どもたち自体が悪いともとれる報道が目につきます。しかし社会では子どもたちは最も弱い立場にあります。子どもたちは以前とは比較にならないほど多くの情報にさらされ、その情報の取捨選択の方法も教えられず、急激な変化の中で育っていくことを余儀なくされています。

教育再生会議では、学校で再び教育や生活指導の管理を強化する答申が出されるようにも思われますが、もう一度、家庭・社会教育も含めて教育を考え直すべきでしょう。

まとめ

●子どもにとっての幸せとは、子どものときも、大人になってからも、生涯にわたってその時々ならではの生きがいや希望、楽しみを持って、満足できる生活を続けていけること。

●子どもの個性や可能性を伸ばす基本は「自己肯定感」。子どもがどのくらい自己肯定感を持っているかは、お母さんの影響が大きい。親が不安を感じれば、子どもも不安を感じる。お母さん自身の自己肯定感が子どもを幸せにする。

●今の子どもの精神年齢は、昔の子どもの7掛け。大きな原因の一つは、テレビゲームなどの影響で子どもが友だちと外遊びをしなくなったこと。子どもの健全な成長には、身体と精神のバランスが不可欠。親が意識的に実体験や遊びの機会をつくる意識を。

●教育は学校だけではない。家庭も社会も教育の場であり、学校は長い人生の数年に過ぎない。子どもも時代の成績や学歴に振り回されることなく、おおらかな目で子育てを。

変わり続ける世界の中で親は子どもの伴走者

オランダ教育研究者
リヒテルズ直子

リヒテルズ直子

りひてるず なおこ

1955年下関市生まれ、福岡育ち。九州大学大学院で教育学と社会学を学ぶ。

81〜83年、マレーシアの窮村に入り農村社会の参与観察。その後、農業開発指導専門家のオランダ人の夫と、ケニアのトルカナ地方、コスタリカ、ボリヴィアに暮らす。

96年からオランダ在住。二人の子どものオランダでの学校体験をもとに04年『オランダの教育——多様性が一人ひとりの子供を育てる』を刊行、06年9月には、オールタナティブ教育のひとつ、イエナプラン教育のオランダでの実践と発展を主題とした『オランダの個別教育はなぜ成功したのか——イエナプラン教育に学ぶ』を刊行（いずれも平凡社）。

通訳・翻訳業の傍ら、オランダの教育について自主研究し、市民による市民のための市民を作る教育が日本で発展することを願って情報発信している。長男（21歳）と長女（18歳）の母。

「オランダの教育」
平凡社　1600円＋税

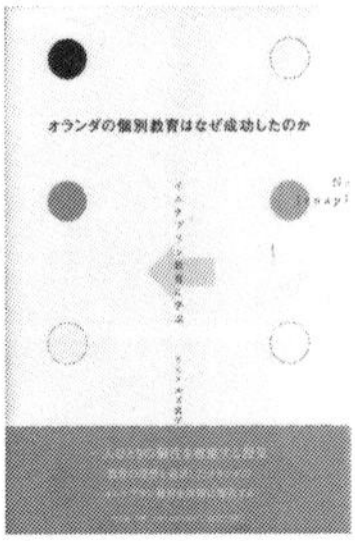

「オランダの個別教育はなぜ成功したか」
平凡社　2000円＋税

幸福感の強いオランダ人の子どもたちと孤独感の強い日本人の子どもたち

日本の子どもの幸せ感

「幸福だ」と実感している子どもが世界で最も多いのがオランダで、他のどんな先進国の子どもよりも孤独感が強いのが日本の子どもたち、そんな結果を示した報告書が最近出されています。今年の2月14日、ユニセフのイノチェンティ研究所が発表した報告です。先進国21カ国の青少年の幸福度について、各種の国際比較データを使ってまとめたものです。※

この調査では、青少年の幸福度を〈物（の豊かさ）〉〈健康と安全〉〈教育〉〈友人や家族との関係〉〈日常生活上のリスク〉〈(子供や若者自身の）実感〉という6つの分野に分けて調べています。オランダは、最後の「実感」で1

※UNICEF Innocenti Research Centre (Report Card 7), "Child poverty in perspective : An Overview of child well being in rich countries—A comprehensive assement of the lives and well-being of children and adolescents in the economically advanced nations", February 2007. (www.unicefor.jp/library/pres_bn2007/pres_07_14.html)

位、その他の分野でも10位以内の成績を収め、総合して21カ国中第1位という好成績でした。

オランダが第1位だったという最後の項目、つまり、子ども自身が『実感』として幸福だと感じているか、に関して、報告書には、①アウトサイダーであると感じたり疎外感を感じたりする、②不安だったり場違いな感じがする、③孤独だと感じる、という3つの意見について、11、13、15歳の子どもたちに『同感する』『同感しない』という答えで回答を求めた、と書かれています。気になるのはその調査結果です。

右の3つの意見のような不幸感を持つ子どもは、調査対象者全数の5～10％にとどまっているというのに、日本では、『③孤独だと感じる』に「同意する」子どもが、なんと約30％もいるのです。日本で孤独と感じている子どもの割合は、次点の国の約3倍、日本の子どもだけが、他の先進国の子どもに比べて驚くほど孤独感が高いのです。

経済大国である日本で、どうしてこんなにもたくさんの子どもたちが孤独感を抱いているのでしょうか、哀しいことです。

オランダについてはもう一つ面白いデータがあります。右の調査の基礎デ

WHO - Europe, " Young People's Health in Context—Health Behaviour in School-aged Children (HBSC) study : international report from the 2001/2002 survey (Health Policy for Children and Adolescents, no. 4) edited by Candace Curiie et al. ISBN 92 890 1342 9

ータにもなったもので、WHO※（世界保健機構）が出した報告書ですが、その中に、『学校の課題にストレスを感じているか』という質問があり、北米・ロシア・ヨーロッパの35地域の中で、オランダは、なんと35位、つまり、学校の課題に対してストレスを感じている子どもが一番少なかったのです。

幸せの実感も高く、ストレスも少ない…それならきっと「へえーオランダ人の子どもたちってそんなに楽しく暮らしているんだったら勉強なんてしてないんだろうね、学力はどうなんだい」といわれてしまいそうです。でも、そういう方には、是非、日本でも大変話題になった「OECD※（経済協力開発機構）生徒の学習到達度調査（PISA2003）」の結果をご覧いただきたい、と思います。

日本は、科学的リテラシーや問題解決能力でオランダを上回っていましたが、読解力や数学的リテラシーでは、オランダの方が日本よりも高いランクにありました。上位にある国々の差などわずかなもので、それをとやかく議論する気はありませんが、とにかくオランダ人の子どもは幸福度が高く、学校の課題についてストレスを感じていなくても、学力は日本の子どもたちと変わらないか、ちょっと上のものすらある、ということには注目したいです。

PISA2003年調査（OECD生徒の学習到達度調査）文部科学省
http://www.mext.go.jp/b_menu/toukei/001/04120101.htm

個性が守られ育てられることが幸せの基本

オランダ流の子どもの幸せは〈自立〉から

私はオランダ人と結婚してオランダに住み、学齢期の2人の子どもを育てながら、これまで、自分の家族や親戚、子どもの友人の家庭など、いろいろなオランダ人の親子の様子を見てきました。

その中で、彼らに共通していえることは、子どもが考えるよりも先に、親が先回りして手を出すようなことをあまりしない、ということです。

自分の2人の子どもを見ていてもわかりますが、子どもというのは一人一人性格も違えば関心も違います。同じ親が同じように話しかけても、子どもはそれぞれ違う言葉や行動で反応してきます。彼らが何を考え、何になりたいのか、どういうときに幸せを感じるのかだって、当然違っているはずですね。

オランダの親たちは、子どもが自分でしたいことを選んだり、それを自分で考えて言葉にするのを待っている、という感じがします。とても小さいころから、子どもに選択肢を与えているし、子どもが自分の言葉で答えなければいけないような会話の機会を努めて作っているように思います。

オランダの子どもたちって、2歳くらいから本当にとてもおしゃべりになるんですよ。

もちろん、親はただ待っているだけではありません。少し子どもが大きくなってくると、家庭で起きたこと、ニュースに取り上げられる時事問題などについて、何かと子どもたちに話しかけ、子どもたちが自分の考えを話し言葉にするように仕向けています。そして、子どもたちなりの言葉にしっかり耳を傾け相手になってやっています。

日本で育った私は、今振り返ってみても、そんなオランダ人のお母さんやお父さんたちの中にいて、やはり、自分勝手に「これは子どもにとってためになることなのだから」と一方的に思い込んで子どもに押し付けることが多かったのではないか、とよく思います。

　私の息子は、どちらかというと計画性があまりなくのんびり屋だったので、小さいときにはつい、いらいらして息子自身がまだ思いついてもいないような先のことについて、何かとうるさく口出しをしてきました。

　そんなときに、オランダ人の夫からは、本人が頭をぶつけて失敗するまで待っていたらいいんだ、というようなことを何度も言われました。

　また、こんなこともありました。息子がまだ小学生のときのことですが、友達が遊びに来ていて、夕方、雨が降って暗くなってしまったので、自転車に乗って家に帰るその子を、私も自転車に乗って伴走《ばんそう》して自宅まで送り届けてやりました。そのときに、その子からも、その子のお母さんからも「なんでこの人はこんな世話を焼くんだろう?」と不思議そうな顔をされてしまい、妙な気持ちになりました。

　子どもはこちらから先に手を出して甘やかすものではない、親は、子どもが自立するのを助けてやるものだ、という意識が、オランダでは大変根強いです。しかしその反面、子どもが助けを求めてきたときには、全身で受け止めてやるのがオランダ人の親たちです。

実際、小学校高学年くらいの、すっかり図体《ずうたい》の大きくなった男の子でも、何か悲しかったりつらかったりして母親のところに寄ってくると、母親は他人が見ているのもお構い無しに、ひざに乗せてしっかり抱擁《ほうよう》してやります。

人間の〈幸せ〉とは何でしょうか。自分が自分で本当に好きだと感じられることを見つけて、それでもって世の中で自立して生きていけることではないでしょうか。できれば、そうしていることが誰か他の人のためになっているという実感が持てれば、幸せの度合いは倍増するでしょう。子どもがやがてそういう幸せを感じながら世の中に出て行くことを望むのであれば、やはり、子ども自身に一日も早く自分自身を発見させ、自分の足で立てるようにしてあげることが何より大事な親の役目でしょう。

何でも話せる親

もう一度先ほどのWHO（世界保健機構）の青少年の健康調査に触れます。この中に「父親や母親と何でも話せているか」という質問がありました。オランダの子どもたちは、35地域中、他国に比べてかなり高い比率で気軽に親と何でも話している、と答えています。

子どもを自立させる、というのは「世話を焼かずに放任しなさい」ということではありません。放任どころか、親は、それぞれの子どもの性格をよく観察して子どもをよく知らなくてはならない、と思います。子ども自身が、自分の足でしっかりと立っていけるまでに、親が話し相手になってやらなくてはいけないことは山ほどあります。

オランダの親が、いつも子どもに暖かでやさしく話しかけている、子どもが話しやすいようなやさしさを振りまいていると思われると、それも大変な誤解です。オランダの親たちは、子どもが甘えて自分の気持ちを言葉にしなくても先回りして受け止めてやったり、子どもの求めているものを自分のほうからさっさと与えてしまうようなことはしません。そうではなく、子どもが話したいときにいつでも話せる機会がある、そういう場やきっかけを、日頃の生活の中にたくさん用意しています。

日本では今「食育」という言葉が流行っていますが、私は、ただ子どもに「食べさせること」、子どもが規則的に栄養のあるものを「食べること」によって身体的に健康な生活を送ることだけが問題なのではないと思っています。

それも確かに大切であるには違いありません。けれども、それ以上に大切なのは、「食べる」ということを家族が揃ってすること、「食」にまつわる文化や習慣を通して、親と子どもがコミュニケーションする機会を、毎日の生活の中に正しく規則的に設けること、なのではないでしょうか。

この項ではじめに述べた「父親や母親となんでも気軽に話せるか」という点でオランダの子どもたちが優れていたのも、実は、食卓を家族で一緒に囲む機会が多いこと、休暇をともに過ごす時間が長いことなどが背景にあります。ワークシェアリング※が定着しているので、共働きの家庭でも、週のうちに平日に2、3日は、お父さんかお母さんが家にいる、という環境も見逃せません。

残業の慣行がなく、夜や週末の仕事の付き合いもないオランダでは、午後6時にはほとんどの家庭で家族が全員揃っています。夕食の食卓を毎日家族で囲むのはごく普通の光景です。子どもたちは、両親とともにテーブルについて食事をしながら、テーブルマナーだけではなく、食事をしながらその場で上手に会話をする術を学びます。

客人があるときにも、よほど小さな幼児でない限り、子どもも一緒にテー

ワークシェアリング
一つの仕事を複数の人で分担する、仕事の分かち合いのこと。オランダでは、パートタイムを「短時間で働く正規雇用労働者」と位置づけ、同一労働同一賃金が原則。失業率低下の切り札でもある。

ブルにつき、共に食卓を囲みます。目障《めざわ》りにならずに上手に食べ物を口に運びながら、どういうタイミングで会話に加わるかを学びます。食べている間はものが言えません。それが人の話に耳を傾けるよい訓練になります。

家族で食卓を囲むという規則的な習慣の繰《く》り返しが、子どもたちに、年齢の異なるいろいろな大人や子どもと共に、コミュニケーションをするというスキルを知らず知らずのうちに身につけさせているのです。

親と子が毎日決まった時間に食卓を囲む習慣があれば、子どもも「今日は学校でこんなことがあったよ」とか「こんな意地悪されたんだ」とか「○○ちゃんにこんなことがあったよ」などと、なんでも気楽に話せるようになります。

仕事をしている父親や母親も、子どもがいても差し支えない範囲で職場での話などをごく自然にします。そういう機会を通じて、親は子どもを知り、子どもは大人の世界を垣間《かいま》見るのです。

一人一人を大切にするオランダの学校

学校と先生に認められた自由と自律

それでは、子どもの育つ環境として、オランダの学校の様子はどんなものでしょうか。

オランダの学校制度の大切な特徴は「教育の自由」ということです。

オランダでは、市民団体でも、一定数の生徒を集めることができれば、学校を建てることができます。しかも、その学校の教育理念や方法には大変多くの自由が認められています。つまり、キリスト教団体であれ、イスラム教団体であれ、生徒数が集まれば私立学校を建ててよいし、授業の中で、自分たちの宗教的または非宗教的な倫理に基づいた教育を子どもたちに与えてよい、ということになっているのです。

私立学校といっても、校舎は市が支給してくれます。国は、公立校の子どもたち一人当たりの補助金とまったく同じ額の補助金を支払ってくれます。ですから、私立校と公立校の間に親の学費負担の差はほとんどありません。

こういう「教育の自由」※の原則は、オランダでは今から90年前、すでに1917年にできていました。

19世紀のはじめ、近代国家制度が発足したばかりのころ、公教育とは中立的なものでなければならない、と考えられていた時代に、キリスト教の人々が、独自の信条や価値観に基づいて教育をおこなうことは市民としての当然の権利であると訴えたのです。そして、宗派立の私立学校に対して、国が公立校と同じ補助金を与えることを求めて90年もの間、闘い続けました。

この長い学校闘争と、その間に行われた政治議論が、その後のオランダ人たちの「自由」や「民主主義」についての考え方にたいへん大きな影響を与えました。

オランダ人たちは、仮に自分がプロテスタント（キリスト教新教徒）として自分の信仰に基づいて行動する自由を認められるのであれば、それと同じ

※オランダの「教育の自由」についての詳しい内容は、リヒテルズ直子著『オランダの教育――多様性が一人ひとりの子どもを育てる』平凡社（2004）を参照。

ように、他の人たち、たとえば、カトリックの市民、イスラム教徒の市民、あるいは、自由主義者や社会主義者の人々も、それぞれ、誰からも邪魔《じゃま》されることなく、自分の信仰を守り、自分の信じる価値観に基づいて行動する自由を持っていると考えます。

オランダ人の特徴としてよくいわれる「寛容《かんよう》」というのはこのことです。何事も多数派の意見に譲《ゆず》ってしまうのではなく、少数派にも自身の信条や価値観をもって行動する場が保障されている、と考えるのがオランダ流の「自由」であり「民主」であり「寛容」の考え方です。

「教育の自由」はオランダ人のこのような考え方に支えられているのです。すべての学校に、それぞれ一つ一つユニークな理念や方法で教える自由が与えられ、先生方一人一人に対しても、その場で、現にある学校の様子や子どもたちの様子に合わせて、先生自身が最もふさわしいと考える方法を工夫しながらやっていける自由が、オランダでは制度としてしっかり保障されています。

学校を選べるということ

学校の種類が多ければ、学区制を敷くわけにはいきません。子どもと親が、自分にもっともふさわしいものを自分から進んで選ばなくてはなりません。実際、どんな地域にも、さまざまの宗派や方法による、総生徒数220人内外の小さな小学校がいくつもあります。

公立校といっても、市は、その地域の住民が求めているものを考慮に入れながら、単に画一化された趣旨や方法の学校を作るのではなく、できるだけ特徴のある個性的な学校をつくって、地域の子どもたちの通う学校の選択肢が豊富になるようにしています。

オランダにある社会文化計画局※（SCP）という公的なシンクタンクが数年前に行った調査によると、オランダの親権者たちの5人のうち4人までが、現在自分の子どもが通っている学校に「満足している」、と答えていました。

実際、いったん選んだ学校でも、子どもがいじめにあったり担任の先生とうまくかみ合わなかったりした場合には、親はいつでも子どもを近くの学校に転出させることができます。学校の雰囲気が悪くなって子どもがどんどん

※Social en Cultureel Planbureau（SCP), Lex Herweijer & Ria Vogels, "Ouders over opvoeding en onderwijs"（養育と教育についての親の意識), Den Haag, 2004

他校に転出して生徒数が減り続けると、廃校の危機となるわけですから、学校経営者は、何とかして学校を建て直そうと努力します。子どもの学校を選ぶ親たちが、学校の質を維持する仕組みです。

無論、現在日本の教育改革者たちが言っているように、いま安易に日本で「学区制」を廃止すればよい、というものでないことは明らかです。学校教育の目的を、狭い知識習得に基づいた学力に特化させて安易に競争させる、という風土を作り上げてしまっている日本で、いきなり「教育の自由」を取り入れることにはさまざまの危険が伴っています。学区制の廃止と同時に「学力テスト」を強化したり、外部評価と称して学校の先生を今まで以上に厳しく監督したり訓練しようとしたり、コミュニティとは名ばかりで地域の有力ボスを学校運営に口出しさせたりしていたのでは、学区の廃止が、却《かえ》って激しい学校格差を生み、ますます子どもたちを追い詰《つ》めていくことになるのは目に見えています。

勇み足で自由化をする前に、まず、先生や学校が、教育の専門家として信頼を受け、自分自身の良心的な判断で、何よりもすべての子どもの、それぞれ独自の発達を目指した授業を行える環境を作ること、また、子どもの能力を紙の上で数値として測れる狭い学力だけで判断せず、さまざまのスキルを考慮した多角的な子どもの発達を、それぞれのテンポにしたがって支えていく、という教育を、学校教育の目的として何よりも大切にすべきでしょう。

オランダでは、学校教育が一部の「できる」子どものための知識偏重の場とならないために、文科省とは独立した「教育監督局」という機関が国の資金によって設けられています。

「監督局」のインスペクター（評価者）たちは、文科省が決めた、紙の上だけで測れる知識偏重の学力基準だけで学校を上から一方的に評価するのではなく、「それぞれの学校は、それぞれ自分の学校なりの教育理念をあきらかにしているか」「その教育理念に基づいて生徒の成長のための十分な配慮をしているか」「それぞれの生徒のニーズを理解し、それにしたがって、期待されるだけの成果をあげるように支援したり刺激したりしているか」「学校はどんな自分なりの基準で自分たちの学校教育を自己評価し、悪いところを改善する努力をしているか」「先生と子どもの関係は快適なものか」「子ども同士は安心できる環境で勉強しているか」「学力だけではなく社会情動的な発達にも配慮をしているか」などの項目について監督しています。

※これらの評価基準は、数値にして評価することはできませんが、専門評価者の目を通して、質的に判断することのできる基準です。そして、これらは、すべての子どものよりよい発達を保障するための重要な視点です。

教育監督局は、先生の労働環境としての学校の状態についても評価しています。なぜならば、過重な労働や設備の不備、子どもたちの非行や職員間の人間関係、親や地域の有力者の圧力などによって先生がストレスを感じていれば、そのストレスは学校教育に大きな悪影響を与えるからです。子どもが最善の発達を遂《と》げるには、心地よく仕事をしている先生の労働環境を含め、快適な環境や雰囲気が守られていなければなりません。

右に述べたような学校の評価基準は、市民から成るさまざまの学校協会や親権者協会の代表たちが、教育監督局に招かれて、現場の教育者の立場から、また、親の立場から協議して作ったものです。

学校にはいつも新しい風

子どもの発達を、画一的な「学力」の基準だけで評価してはならない、と

※この間の事情についてはリヒテルズ直子著『オランダの個別教育はなぜ成功したのか――イエナプラン教育に学ぶ』平凡社　2006年を参照されたい。

いう考え方は、およそ40年前、60年代の終わりごろにオランダで盛んに議論され始めました。当時、オランダにあった学校教育の中でも、特に、実験的な新しい教育方法を使って学校を経営していた5種の「刷新教育」が先駆的で重要な役割を果たしました。

5種とは、イエナプラン※、モンテッソーリ※、ダルトン※、フレイネ※、シュタイナー※です。どれも、20世紀のはじめに外国（オランダ以外の国）で生まれた教育方法や理念ですが、オランダには、先に述べた「教育の自由」があったために、新しい学校を割合に簡単につくることができ、創設者たちの国々での発展にも増して大きな発展を遂げました。

これらは、一般には「オールタナティブ教育」とか「新教育」と呼ばれてきたものですが、オランダでは「刷新」教育、という呼び方をします。しかもオランダでは、右の5種の教育理念を「古典的な」刷新教育と呼んでいます。なぜなら、オランダでは、学校というものは、常に新しい教材や方法を取り入れて、時代とともに変わっていくものだ、という考え方があるからです。

実際、これら5種の「古典的な」刷新教育の研究者たちは、70年代から2

イエナプラン

ドイツのペーター・ペーターセンがイエナ大学で実験校としてはじめ、1926年に発表した新教育の試み。オランダでは、60年代に紹介され、以後、急速に普及。オランダの個別教育の進展に多大な影響を与えた。現在、約220校の小学校がある。

000年ごろまで、オランダの実情に合わせた教材や方法を開発するために、国から給与をもらって公務員として起用されました。

同時に、大学その他の教育研究機関でも、研究者たちが、子どもたちの個別のニーズに合わせて指導するために、どんな教材を使い、どんな学級編制にすればよいのか、また、できる子をもっと伸ばし、できない子に手厚い配慮を与えるには、どんな教材や副教材を、どのように使い分けて、どういう場面を学校につくればよいのか、といったことを、国の資金を得て、熱心に研究し成果をつみあげてきています。

研究の成果は、全国各地域にある、教員のための「教育サポート機関」※を通して、学校の先生方に普及される、という仕組みがつくられています。サポート機関からは、経験のある教員や教育学を学んだ専門家などのアドバイザーが常駐の職員となり、定期的に学校を訪れて、個別の学校の個別の環境や条件の下で、現場の先生たちがチームとなって改善の努力をするために支援してくれます。

また、現在どんな問題が学校の先生たちの悩みであるのかをよく把握した上で、そういう問題や悩みに直接に答えるような意義のある役に立つ研修や

モンテッソーリ
医者であり教育者であったイタリアのマリア・モンテッソーリが始めた新教育。ムッソリーニの支配を嫌ってオランダに移住してきたため、オランダで非常に普及し、中等教育まで行われている。オランダにある小学校数は160校余り、中等教育の生徒数は１万人に及ぶ。

コーチング事業をサポート機関が用意しています。そのための費用は、国や市の教育予算から公私立の別なく平等にまかなわれています。

その結果、オランダでは、普通の学校でも、「刷新教育」が生み出してきた新しい方法や理念を要所要所で部分的にたくさん取り入れており、それが個別の子どものニーズに応じる教育を可能にしています。

そういう伝統が30年余り続いているオランダでは、ある学校の教育活動が行き詰《づま》ってしまったとき、たとえば、多くの親が子どもを転校させたり、教育監督局のインスペクター（評価者）が厳しい評価を下したりしたとき、単に、責任を問われて勧告を受けるだけ、ということは決してありません。監督局の評価レポートは、学校にとって「どこに問題があるのか」を見極める診断表のようなものです。それに基づいて「教育サポート機関」のアドバイザーに応援を頼むことができるのです。

どうして、学校がこんなに手厚く守られているのでしょうか。それは、学校には、二度とその成長期を繰《く》り返すことの出来ない子どもたちが、それぞれ発達の可能性を秘めて日進月歩の成長を待っているからです。次世代作りは待ったなしなのです。

ダルトン
アメリカ人ヘレン・パークハーストが始めた新教育だが、1920年代にオランダに紹介され、パークハーストはオランダの女王からの叙勲も受けている。オランダには米国以上に多くのダルトン校がつくられ、小学校260校、中学校18校と、現在も増え続けている。

こういうオランダの、時代とともに刻々と「変わろう」「改善しよう」としている学校に比べ、日本の学校は本当に信じられないくらい保守的で変わっていないと思います。研究者がいないわけでも、子どもの個別のニーズに合わせた方法や経験が日本にないわけでもないと思うのです。そういういろいろな日本人が持っている知恵や工夫を効率よく集めて、子どものために生かす制度、社会が子どもたちの発達のために総力を挙《あ》げる制度がないのです。

人の進路は一生かけて

日本の教育を悪くしている大きな原因の一つとして「学歴社会」のことがよく問題になります。オランダには「学歴社会」というほどの大学のランク付けや階層意識はありません。もともと、イギリスなどに比べても、社会階層性が小さく、物事のランク付けや知識人のエリート意識を嫌う国です。

それでも、伝統的には、ヨーロッパの国々の教育は、エリート教育と職業教育に分かれていました。そして１９６０年代の初めまでは、小学校を出て中学に進むときには、将来の進路がはっきり枝分かれしてしまう制度になっ

フレイネ
フランス人セレスティン・フレイネが始めた新教育で、オランダには戦前から紹介されていた。一般に、オランダの教育改革者、また、後に普及したイエナプランの関係者にも大きな影響を与えたが、学校数は余り多くない。（小学校16校）

ていました。

今でも、中等教育（中高一貫）は、大学に進むコース、高等専門学校に進むコース、職業訓練校に進むコースとに分かれています。

けれども、60年代の改革によって、いったん一つのコースに進学しても、あとで勉強してやる気が起こったらいつでも軌道修正ができる制度に変わりました。

中学のはじめの2年間では、隣接するコースを同時に履修《りしゅう》できます。同じ教材を使いながら、やる気のある子はより難しい課題に挑戦したり、テストの追加課題で力を発揮することができるようにしています。また、いったん、職業訓練校や、高等専門学校に進むコースに入っていても、その卒業資格をとりさえすれば、一つ隣のレベルの高いコースに編入する道も開かれています。

また、情緒の不安定な思春期にありがちな留年や中途退学をして卒業資格をとり損《そこ》ねても、各地域にあるコミュニティ・カレッジ（オランダ語ではROC）などの補習教育機関にいくことで、卒業資格を取り直すことができます。

シュタイナー
P102参照。
なおオランダにはシュタイナー学校は現在94校ある。

中等学校の卒業資格というのは、次の学校（大学や職業訓練校）に進学するためのパスポートです。英語の検定資格みたいなもので、一生使えます。ですから、子どもたちは、大学や職業訓練を受ける前に、海外に出たり、就職したり、ボランティア活動をしたりすることもできるのです。

生涯教育とか成人教育という考え方は、もともと、こういうところから生まれたものです。日本人が定年退職後に趣味の市民講座を聞きにいく、というのとは少し違います。教育とは、一生かけて、つまり、大人になってもずっと受け続けることのできるもの、自分の人生を、自分のその時々の意思でデザインし直すための手段なのです。

みんなと同じように高校を出れば大学に行くのが当然、できれば有名な大学にいけるに越したことはない、という日本。その「学歴」のために、日本の子どもたちは、人間として幅広く発達するための大切な機会を犠牲にして、ただひたすら狭い「学力」向上のために同じ知識を繰《く》り返《かえ》し頭に叩《たた》き込む、という、なんとも効率の悪い、しかも、幸せとは程遠い、画一的な反復学習を強制されているのではないでしょうか。

学ぶということは、本来人間として楽しいことでなければならないはずで

教育サポート機関

元は、障害児教育の教育方法を開発しアドバイスする機関だったが、60年代に、一般校での個別教育の普及に伴い、個別の子どもの差異を重視した新しい教育方法の開発と普及のために教員に研修・アドバイスを与える機関となり、全国各地に設置された。

す。でも、日本の学校では、小学校から大学まで、子どもが学びを楽しいものであるとは感じられなくなっており、子どもたちが、学ぶことの価値を知らないまま、また、しばしば学ぶことの嫌いな大人になってしまっています。

元気な社会はみんなの幸せから

人間の社会というのは、いろいろな才能や性格の人たちが集まって、いろいろな人がそれぞれの個性を発揮して、互いの才能や性格を尊重しあいながら協力して支えていくものではないでしょうか。オランダの学校の様子、社会の様子を長く見ていると、そういうことをとても強く感じます。

オランダは、ヨーロッパの中でも、ドイツやフランスと並び、移民や難民が多いことで知られています。こうした移民の子どもたちに対して、オランダ政府は、毎年、普通の子どもたちの約2倍の教育費を出しています。

移民は、出稼ぎ労働者として、また、難民としてオランダに入国した人たちですから、一般に親の学歴が低く、オランダ語もほとんどできない、つまり、子どもたちにとって、教育的な環境が著《いちじる》しく欠けているからです。しか

コーチング

教員の研修の一種だが、講義形式ではなく、研修を受ける教員が現場で仕事をしている場面を使い、その場に専門のアドバイザーが来てコーチするというやり方。ヴィデオに録画して、それを、教員とともに見ながら指導するというやり方は、現在幅広く行われている。

も移民の子どもたちは、いろいろな年齢でオランダの学校に転入してきます。こうした子どもに対する学校教育は容易ではありません。

労働党による社会主義的な傾向の強い政権が長く続いたオランダでは、このように、社会的・経済的な背景が恵まれていない子ども、つまり、教育環境という意味でハンディを背負った子どもたちに対して、オランダ語の強化のために、少人数学級をつくり、個別指導の機会を増やすことによって、他の子どもたちと一日も早く同じスタートラインにたたせようと支援しています。

実際、力のある子どもは、数年で大学進学校で他の子どもと同じように勉強し大学に進学していきます。小学校や中学校のときに移民としてオランダに来た人が何人も、政治家や大学の研究者、ジャーナリストなどになって、当たり前のようにマスメディアに登場し活躍しています。

新大陸の「パイオニア精神」のように、どんな条件のものも一様に競争し、ひじで弱い者を押しのける、今、日本が向かっているような社会と、ハンディをハンディとして率直に認め、まずは、スタートラインをそろえてから力比べをさせるオランダのような社会と、どっちがよいでしょうか。幸せな人の数は、きっと後者が多いに違いありません。

一人一人の子どもを大切にし、幸せにする社会は、将来、過去の知識や経験では解決できない新しく深刻な問題に直面したとき、さまざま才能と性格の人々が一緒になって、問題解決のために力を合わせることでしょう。一人でも多くの人の独特で得意な力をのばし、それによって幸せだと感じる人がたくさんいる社会こそが、将来に希望のある元気な社会だと思います。

日本の子どもたちにも
もっと幸せを

日本が世界に取り残されないために

子どもの個性や独自の学びのテンポを発見し、ニーズにあわせて指導するという個別教育。それは、単に、子どもが得意にしている才能だけをどんどん伸ばせばよい、というものではありません。その子ども自身からまだ引き出されていない才能を専門的な技能によって刺激したり、得意・不得意に合わせて指導法を柔軟に使い分ける、といったことも含みます。子どもは伸びたい、学びたい、成長したいというエネルギーを内に持っているものです。専門家としての教育者の役割とは、そういう子どものエネルギーを引き出し伸ばしてやることです。

ところが日本の学校教育は、相も変わらず「画一的な」一斉授業を続けています。一つの知識を一方的に伝授する一斉授業は、落ちこぼれる子どもに目をつぶることさえできれば、一見効率的だからです。

しかし画一的一斉授業のもっとも大きな問題は、できる子もできない子もすべての子どもたちを「受身」にしてしまうことです。知識を得ようとする意欲、何かスキルを身につけたいとする意欲は、先生から一方的に押し付けられて学ぶ「受身」の学習スタイルからは生まれようがありません。

私は、かつてアジア・アフリカ・ラテンアメリカの国々に暮らしましたし、最近ブラジルやボリヴィア、また、オランダがさまざまの教育援助をしているアフリカの国々などの教育について耳にすることもしばしばあります。気になっているのは、こういう国々のほうが、今、知識を受身に受け取る教育だけではダメなのだ、ということに日本よりも早く気づき始めているのではないか、ということです。

実際、これらの国々は、かつて西洋諸国の植民地だったところも多く、西洋に留学したリーダーたちが多くいます。欧米諸国の学校事情にも敏感です。これだけインターネットが発達し、英語さえできれば、たいていの先進国の事情にはアクセスできる時代です。あふれるほどの情報を知識として詰《つ》め込んでいても仕方がない、そうではなく知識を使いこなせる力、考えたり目的に沿って物事を処理したりする力が、これからの世界では大事なのだ、という意識は、先進国ばかりではなく、これらの国のリーダーたちの間に今、急速に広がっていると感じます。

変わり続ける世界の中で

一体どうしたらいいのだ、と日本では多くの人たちが教育改革の方途《ほうと》がわからずに途方にくれているようです。その挙句《あげく》に出てくるのは、あいも変わらず「愛国心」。教育を安易に「精神修養」に結び付けてしまう前に、もっと科学的に、もっと学校・学級経営の技術という観点から、すべての子どもを上手に発達させる方法を考えなくてよいのでしょうか。

世界は今、刻一刻と変わっています。産業・経済競争のグローバル（地球規模）化によって、オランダもかつてのような高度の福祉を継続する余裕を失ってきています。オランダでも、技術革新に役立つエリートを早く多く育てなくては、という動きがあります。それに、抵抗するのは、オールタナティブ教育(刷新教育)の人たちです。彼らが、社会の隅《すみ》で発し続けているメッセージや、彼らが現場実践を通じて編み出してくるさまざまの教材や方法のおかげで、オランダの教育は、一気呵成《かせい》に知識偏重へ後戻りする、という誤りをなんとか免《まぬか》れています。子どもの幸せは、物の豊かさだけでは得られないことを知っている教育者たちです。

グローバル化は異文化の衝突も生んでいます。手厚く保護してきた移民たちが、イスラム教を旗印に、西洋資本主義社会の独善を批判し、ときとして民主主義社会には決して許されてはならない暴力(テロリズム)に走っています。

そういう中で、人と人とが話し合い、共に働くことを学ぶべきだ、それを通じて、才能や考え方や性格や、そして、信念すらも異なる人同士が、それでも共に尊重しながら生きる社会を実現しようと、さまざまの共同作業の場を学校の中に率先して作り出しているのも、オールタナティブ教育の人たちです。

国や文化を超えて共に生きることを教える「市民教育」とは「愛国心」の

掛け声だけで子どもたちをむやみに競争させる無策の「国民教育」とは似ても似つかぬものです。今の世界が必要としているのは、何か、文化や郷土といったものを〈共有〉できるから共につながるのではなく、お互いに〈共有点の少ないもの同士〉が、どのようにして互いを受け入れあい、尊重しあって平和な世界、社会を築いていくかということなのです。

子どもは一人一人ユニーク・伴走者としての親

個性を見つける、というのは、たとえば「算数がよくできる」とか「音楽的な才能があるらしい」というように、子どもの(大人もですが)一部の特性を切り取って、グループ化されたパターンの中に子どもを当てはめるのとは違います。いろいろな才能をさまざまに組み合わせて持つ、ひとまとまりの人間として、世界にたった一人のユニークな子どもとしての姿を見つけることです。

個性は生まれつきの才能だけではなく、生まれ落ちた環境や人生の途上でのいくつもの出会いや経験によっても形作られます。

自分の子どもは、普段からどういう人や物を好み、自分でどんな人間になりたい、どんな仕事をしたいと思っているのか。親にできること、そして、親にしかできないのは、そういう子どもの自分探しを、学校の成績や塾などのプレッシャーをかけずに、子どもをたっぷり観察し、子どもとゆっくり話し合う時間をつくって守ってやることではないでしょうか。

クラスの子どもたち全員が「黒」と叫《さけ》んでいるときに、自分の子どもだけは「白」だと思っている。わが子が、自分の目や頭や心を信頼して、たとえたった一人であっても自分にとっての真理や善悪の判断を譲《ゆず》れないでいるときに、しっかり支えてやれるのは親だけです。自立した、自分をよく知った人間として、自分のために、そして他の人たちのために幸せに生きていく子どもに何よりも必要なのは、自分自身も世界にたった一人のユニークな人間として自分を形作り学び続けている「伴走者」としての親だと思います。

まとめ

●オランダの子育ては、まず子どもの自立から。親の役目は子どもの自立を助けること。親が先回りして手を出さず、子どもから助けを求められたら全身で受け止めて力になる。

●オランダの教育は、全員の子どものスタートラインをそろえてから力比べをさせる。一人一人の子どもを大切にし、幸せにする教育は、従来の知識では解決できない新しい問題に直面したとき、多様な才能や性格を持つ個人が、力を発揮できる原動力となる。

●画一的な教育は受身の子どもを育てるだけ。知識を詰め込むことよりも、知識を使いこなせる力、目的に沿って物事を処理する力こそ大切。子どもの多様な個性を認め、意欲を大切にする教育へ、日本も早く舵を切るべき。

あとがきに代えて

『うちの子の幸せ論　個性と可能性の見つけ方、伸ばし方』…6名の方へのインタビュー。お一人お一人のメッセージの中に、論点に、日本の教育、子育てについての多くの重要な問題提起や具体的解決案が詰まっていたものと思われます。

もしも日本が、今日の政府・権力者・為政者たちが望む教育と全く違う、本書に描かれたような、いわゆる「オルタナティブ教育」に全面的に切り替わったとしたら、子どもたちはどう思うでしょうか。生きることがつまらなくなるでしょうか、面白くてワクワクするでしょうか。未来に希望を持てないでしょうか、持てるでしょうか。皆様はどうお感じになりますか？

「でもオルタナティブな教育で、競争がなくなると、世界の経済競争に勝てなくなるし、日本が貧しい国になるのでは？　それじゃあ子どもたちの未来はかえって不幸じゃないですか？」というご意見も聞こえてきそうです。では、フィンランドやノルウェー、スウェーデン、デンマークやオランダは、貧しい国でしょうか？　経済が悪化して、皆が苦しんでいるでしょうか。むしろ、人々は平等感の高い社会に、満足して暮らしているように思えます。

　私たち日本も、競争と格差を前提とし、またその格差が世襲化するアメリカ型のグローバリゼーション、新自由主義社会に生きるのか、あるいは、より平等で格差の少ない、北欧型の市民社会を理想とするか、大きな進路を選択せねばならない時代にさしかかっているように感じられます。

　そして、その社会を左右するモデルは恐らく教育と福祉にあります。特に教育は国家と社会のあり方の未来を先導しているからです。今子どもたちに与えられている教育からしか、より良い世界も、社会も生まれません。

　日本が目指すように一部のエリートが全体をリードしてゆく社会がよいのか、多勢の市民が知恵を出し合ってより良い明日へと努力を続ける社会が好ましいのか。政治がそれを決めます。そして、マスメディアの公正で自由なジャーナリズムの存在が、それを考えさせます。今の日本、果して大丈夫でしょうか？

では何から始めるか？　どこに切り口があるのか、なかなか具体的な答えは見つかりませんが、本書『うちの子の幸せ論』の中に大きな方向性が示されていると感じるのは、本作りをする編集者の単なる思い込みでしょうか。『うちの子の幸せ論』で展開する「うちの子」とは、実はクラス全体の子でもあり、日本と世界すべての子どもたちのことでもあります。また、当然これから生まれてくる未来の子どもたちのことでもあるでしょう。その意味で、親だけでなく、この社会を創り、支え、生きる大人たちすべての責任として、私たちが次の世代と世界をどう創造したらよいのかについて、本書を通して、併せてお考えいただき、一歩踏み出して下さることを念願いたします。

皆様のご家庭や、ご友人と、そして仕事場などで、より良い未来の社会像とそのための「教育」議論の輪が広がることを心から願ってやみません。

ご購読ありがとうございました。

ほんの木編集部

「子どもたちに幸せな未来を」小学生版シリーズ③
うちの子の幸せ論—個性と可能性の見つけ方、伸ばし方

2007年6月15日　第1刷発行

編者———————ほんの木
企画———————(株) パン・クリエイティブ
プロデュース————柴田敬三
編業・営業・広報——岡田直子
営業———————丸山弘志
総務———————小倉秀夫
発行人——————高橋利直
発売———————(株) ほんの木
〒101-0054　東京都千代田区神田錦町3-21　三錦ビル
Tel 03-3291-3011 Fax 03-3291-3030
http://www.honnoki.co.jp
E-mail info@honnoki.co.jp
競争のない教育と子育てを考えるブログ http://alteredu.exblog.jp

ISBN978-4-7752-0051-3
郵便振替口座　00120-4-251523　加入者名　ほんの木
印刷所　中央精版印刷株式会社

●本書は本文用紙は再生紙を使い、インキは環境対応インキ（植物性インキ）、カバーはニス引きを使用しています。

③ うちの子の幸せ論　個性と可能性の見つけ方、伸ばし方

ほんの木編　1680円（税込）送料無料

競争、学歴社会はいやだけど、子どもの将来を考えると…そんなご両親を応援する本。子どもにとって幸せな将来とは？　そのためには今、どのような教育を心がけたらよい？
6名の子どもや教育の専門家に、子どもの個性、可能性を輝かせるために親としてできることを伺いました。

【ご登場頂いた方々（敬称略）】

尾木直樹・教育評論家
奥地圭子・東京シューレ理事長
汐見稔幸・白梅学園大学教授、副学長
秦理絵子・シュタイナー学園校長
古荘純一・青山学院大学教授、小児精神科医
リヒテルズ直子・オランダ教育研究者

輝け子どもたち

---

④ 小学生のお母さん「55の悩み」Q&A（仮題）

ほんの木編　1680円（税込）送料無料

Now
Editting...

（2007年8月
発行予定）

いじめ、引きこもり、不登校、塾、受験、英語教育、性教育、お金、テレビ・ゲームとのつき合い方…親の悩みは尽きません。
小学生の子どもに関する問題について寄せられた悩みや質問、疑問に、各分野の先生方や専門家が直接お答えします。

あなたの質問をお寄せ下さい。

がんばれお母さん！

お申込、随時受付け中！　詳しくは、ほんの木まで。

年間4冊セット購読　6,000円（税込・送料無料）がお得です。

【お問い合せ・お申込み】

ほんの木　TEL 03-3291-3011　FAX 03-3291-3030
〒101-0054　東京都千代田区神田錦町3-21　三錦ビル
email: info@honnoki.co.jp　URL www.honnoki.co.jp

昨日に聞けば明日が見える

ひびきの村代表　大村祐子著
定価 2,310円（税込）送料無料

シュタイナーの7年周期説をわかりやすく解説。「なぜ生まれてきたの」「運命は変えられるの」等への意味と答えがきっと見つかります。

わたしの話を聞いてくれますか

ひびきの村代表　大村祐子著
定価 2,100円（税込）送料無料

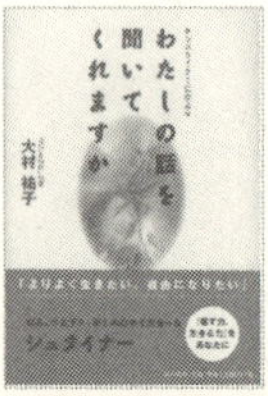

迷い、葛藤の末に出会ったシュタイナー思想。42歳で子連れ留学、シュタイナーカレッジで過ごした11年間を綴った感動と共感のエッセイ。

子どもが変わる魔法のおはなし

ひびきの村代表　大村祐子著
定価 1,575円（税込）送料無料

言葉でしつけたり叱る代わりに、小さなおはなしをしてあげませんか？今日から始められる「おはなし子育て」のすすめ。

シュタイナー教育の模擬授業

大村祐子＆ひびきの村著
定価2,310円（税込）送料無料

シュタイナー小学校・幼稚園の実際の授業内容を写真、イラスト、楽譜などを盛り込みわかりやすく再現した貴重な記録。

大好評発売中！

家庭でできるシュタイナーの幼児教育

ほんの木「子どもたちの幸せな未来」編
（A5判・272ページ）定価1680円

シュタイナー教育の実践者、教育者ら28人による、わかりやすいシュタイナー教育の実用入門本！

シュタイナーの7年周期説、4つの気質、3歳・9歳の自我の発達、お話は魂への栄養という考え方、自然のぬくもりのある本物のおもちゃや遊びの大切さ……誰もが親しめ、家庭で、幼稚園・保育園や学校で実践できるシュタイナー教育の28人の叡智がいっぱいにつまった一冊。今までになかった本！